"一体多元"的创新教育课程设计

邢传波　郭志超　马晓君 ◎ 著

吉林出版集团股份有限公司

图书在版编目（CIP）数据

"一体多元"的创新教育课程设计 / 邢传波，郭志
超，马晓君著. — 长春：吉林出版集团股份有限公司，
2022.11

ISBN 978-7-5731-2160-8

Ⅰ. ①一… Ⅱ. ①邢… ②郭… ③马… Ⅲ. ①高等学
校—创造教育—课程设计—研究—中国 Ⅳ. ①G640

中国版本图书馆 CIP 数据核字 (2022) 第 171493 号

"一体多元"的创新教育课程设计

著　　者	邢传波　郭志超　马晓君
责任编辑	王　平
封面设计	林　吉
开　　本	787mm×1092mm　　1/16
字　　数	220 千
印　　张	10.25
版　　次	2022 年 11 月第 1 版
印　　次	2022 年 11 月第 1 次印刷
出版发行	吉林出版集团股份有限公司
电　　话	总编办：010-63109269
	发行部：010-63109269
印　　刷	廊坊市广阳区九洲印刷厂

ISBN 978-7-5731-2160-8　　　　　　　　　　　定价：68.00 元

前　言

近几年，我国各高校都在积极探索创新人才培养的有效途径，然而由于各种原因，高校创新仍缺乏有效的教育机制，主要表现在：学生缺乏驱动力，师资力量贫乏，后勤保障不到位。基于此，本书认为高校应建立基于"一体多元"的创新教育机制，着力解决学生创新意识不够，师资力量短缺的问题，鼓励社会各界力量参与。

教育既是国家战略大计，又是民生发展的首要关切。强国必谋强教，强教支撑强国。高等教育发展水平是一个国家发展水平和发展潜力的重要标志，世界经济强国无不是高等教育强国。改革开放以来，中国高等教育在国家教育优先发展战略的指引下，沿着大改革、大发展和大提高、建强国的路子，不断探索，不断超越，在取得一个接一个历史性、阶段性的重大进展，为国家经济社会发展和改善民生做出重大贡献的同时，又面临着前所未有的以改革发展新突破实现由大向强的巨大挑战和历史机缘。

本书基于"一体多元"的时代背景，对于高校教育创新实践进行分析，首先介绍了"一体多元"的创新教育的概念、高校开展创新教育的背景基础、中国传统文化的内涵与精神以及高等教育与传统文化融合创新基础；其次对高校创新教育内容、高校创新教育机制、高校创新教育的师资队伍建设以及高校创新教育的教学方法创新与科学评价进行分析；最后重点探讨了高校教学改革与文化融合、高校教育的传统文化建设与传播以及高校教育的现代化与传统文化等内容。全书集系统性、科学性、新颖性于一体，知识性趣味性强、理论研究科学严谨、语言描述准确、章节划分得体、结构体系完整，能够为高校体育教育创新发展提供合理建议和科学指导。

本书在撰写的过程中参考了一些专家、学者的研究成果和著作，在此表示衷心的感谢。由于时间仓促，水平有限，书中不足之处在所难免，恳切希望广大读者、专家批评指正。

目　录

第一章 "一体多元"的创新教育概论

第一节 基于"一体多元"的创新教育机制的构建

早在 2001 年就有人使用过创新创教育概念，但创新教育作为一个新概念正式确立是在 2010 年。在教育部在 2010 年印发的《关于大力推进高等学校创新教育和促进大学生自主创业工作的意见》中，明确使用了"创新教育"这一概念。同年，陈希在教育部组织召开的推进学校创新教育和促进大学生自主创业工作视频会议上将创新教育定位为新时期高校的战略任务。他提出："创新教育的核心是培养大学生的创新精神和创业能力，引导高等学校不断更新教育观念，改革人才培养模式、教育内容和教学方法，将人才培养、科学研究、社会服务紧密结合，实现从注重知识传授向更加重视能力和素质培养转变，提高人才培养质量"。在供给侧改革的背景下，创新教育作为一种新的教育形态被提出，并且已经被越来越多的高校所提倡和研究，目前，我国高校创业教育进入了新的历史阶段，要从上一阶段的"实现自身"向新形势下的"培养创新型人才"转换，以此确保创业教育真正融入高校人才培养全过程，实现科学发展。近几年，我国各高校都在积极探索创新人才培养的有效途径，并结合各高校实际情况，在实践中积极探索适合自己的创业教育模式。

一、高校缺乏有效的创新教育机制

对于大部分高校而言，传统的创业教育主要为了缓解毕业生的就业压力，注重培养自主创业者，鼓励毕业生创业，多针对高校毕业生，且由于资源等各方面的限制，针对毕业生的创业教育也仅停留于理论教育，创业教育受益面窄。在新时代背景下要求的创新教育不仅鼓励大学生自主创业，更注重的是培养大学生的创新思维和创造能力。创业教育不仅是为了培养创业人才，更是传授学生学会如何主动地获取新知识、创造新知识，并通过有效地配置自身的各种资源，将知识转化成现实的个人和社会价值，最终实现知识的最大效用。另外，创业教育有利于加深学生对专业课程的教学目标、实践应用等方面的了解，有利于激发学生的学习兴趣和促进专业课教学。可见在高校中开展创新教育是高校教育发展的必然要求同时也是社会发展的必然需求。然而高校创新教育缺乏有效的教育机制，主要表现在一下几点。

（一）创新教育受益面狭窄，驱动力不足

虽然，创业教育的提出已有十几年的历史，但是创业教育的真正实施时间却很短，并且在大部分人的观念中，传统的大学教育只是专业教育，创业教育只是少部分同学的需求。所以大部分高校在课程设置中很少或几乎没有将创业课程放入主课程中，创业教育的受益面有局限，不能够满足不同专业学生的需求。而大部分学校的创业教育目的也是为了增强毕业生就业，在这个目的下的教育显然不能达到最优的效果。因此，创新缺乏一定的创业驱动力，驱动机制不够。

（二）开展创新教育师资力量缺乏，运行困难

同时也正由于高校缺少创业课程，所以高校的创业教育师资力量匮乏，教师开展教育的关键因素。目前，我国高等教育的师资类型大多为学历型、科研型，创新素质较为缺乏，这给专业教学过程中渗透创业教育带来了很大的局限。高校实施的创业教育往往是统一的理论基础，脱离专业教育，这就使学校大部分师资难以参与到创业教育中。高校的师资力量难以得到真正的利用。在运行机制方面得不到真正的实施。

（三）创新政策不足，无相应的保障

目前大部分高校对创新工作只局限于某个部门负责，很难像正常的教学工作一样做到学校各个部门协作，明确职责。对创新教育缺乏相应的保障措施，创新教育在高校教育中所处的地位不高，得不到重视。同时，传统教育观念，使得社会各界对大学生创新依然保留观望态度，不能够积极的帮助大学生创新。

二、构建基于"一体多元"的创新教育机制

目前的高校创业教育模式大多以理论教育为主，缺乏实践教育，难以真正的实现创业教育的目的。为更好的在高校中开展创业教育，我认为应构建"一体多元"的创新教育机制，以创业课程为基础，整合创新项目，创业实践，培养校企合作；充分利用学校各类优势教育资源，培养高素质创业学生团队。高校开展创业教育，需要着眼于整合资源，搭建创新实践平台，鼓励专业教师带领学生共同研发，共同创业。

（一）培养学生创新意识，调动学生创新积极性

高校作为创新教育的主体，应积极响应国家号召，发动学校内外可利用资源，调动学生的创新积极性。调动学生创新积极性首先要培养学生的创业意识。创新意识的培养应从大一新生着手，大一学生刚进校，对大学的学习生活还没有一个系统的认识，可塑性较强。由于大学课程设置的特点，大学生的生活主要以宿舍为单位，宿舍作为一个大学校园中最

普遍的学生群体，在学习、生活上都已有一定的默契，以宿舍为单位培养学生的创新意识更有利于培养好的创业团队。

（二）鼓励专业教师参与，校外企业助力

师资是创业教育的组织者和实施者。高校中的师资大部分为专业教师，而创业教育只有与专业教育融合在一起，才能使创业教育达到更好的效果。近年来国内各高校都在实行一种新的教育模式：导师制。这种制度要求在教师和学生之间建立一种"导学"关系，针对学生的个性差异，因材施教，指导学生的思想、学习与生活。以宿舍为单位安排相应的专业教师作为导师，在指导过程中能更好的积极性，做到真正把课堂的主动权还给学生，让学生自主参与到教学课堂中去；其次，教师要树立以学生为本的师德概念，增强教师职业的责任感，发挥教师的敬业精神、奉献精神和育人精神。同时，高校管理部门可以适当采用奖惩机制来促进教师道德建设，激发教师工作的积极性和创造性。

（三）落实高校管理制度，发挥政治教育的激励和奖惩作用

如今，社会在不断进步和发展，对高校人才的培养体系提出了更高的要求，能否培养出社会所需要的人才，是检验一所高校办学宗旨是否符合社会主流价值和其存在的意义。而高校的学风学习直接表现出一所高校的文化底蕴和办学宗旨，因此，学风建设成为当今很多高校重视的对象。但在建设过程中，也存在许多不足的问题，很多只停留在做思想工作的阶段，并没有落到实际。

一方面，加强学校学风督查部门的监督，做好学风建设的宣传，对于逃课，不遵守纪律的学生进行思想政治教育，树立典型，弘扬先进，鞭策后进。充分发挥奖学金对学风建设的促进作用，通过不断改革奖学金评定、发放和表彰办法，加大评优评奖工作的宣传力度，激励更多的学生努力学习、全面发展。从两方面给同学们树立榜样和警戒。

另一方面，要着重发挥学生党员、学生干部，优秀三好学生的带动作用，组织学生开展各种形式的校园文化活动，帮助学生调整知识结构，在活动中陶冶学生高尚的思想情操和审美意识，增强团队意识和合作精神，促进学生"德智体美劳"共同发展和进步。

综上所述，由于当今的教育环境错综复杂，不但对于思想政治教育工作是一种巨大的挑战，对于优秀学风的建设也是一种制约。我们知道，影响学风建设的影响可以分为内因和外因，其中内因是最主要的原因，也就是大学生自身的因素。所以，在高校学风建设的过程中，要抓住主要矛盾，找到改善学风建设的有效对策。高校的学风建设问题不是一朝一夕之功，高校的学风建设之路任重道远，不仅需要全校师生的共同合作，还需要来自社会各方面的支持与配合。

第二节　高校创新教育的概念

一、创新教育概念的缘起和内涵

（一）创新教育概念的缘起

创新教育与"创新"这一概念分不开。创新最初是经济学领域的一个概念，由美籍奥地利经济学家 J.A 熊比特首先提出。他在 1912 年德文版《经济发展理论》一书中首次使用了"创新"一词，将其定义为"新的生产函数的建立"，即把一种从来没有过的生产要素和生产条件的"新组合"引入生产体系。随着知识的扩散，"创新"已经成为多学科、多领域广泛使用的一个概念。人们对创新越来越重视，对创新的认识也越来越深刻，"一个没有创新能力的民族难以屹立于世界先进民族之林"。创新，正成为我们这个时代的主旋律和最强音。"创新"立足的是"创"，追求的是"新"，"创"是手段，"新"是目的，创新就是要革除旧的、过时的、无用的甚至是阻碍社会和人类自身发展的旧事物，开辟和建立有利于高校创新教育及其运行机制、社会、人类发展的新事物。

创新既是事物发展的过程，也是事物发展的结果，比如新的发明发现、新的思想理念、新的学说观点、新的技术方法等。创新教育就是通过创造性的教育教学活动来培养学生的创新能力，以期实现上述新事物的教育。换言之，"创新教育是根据创新原理，以培养学生具有一定的创新意识、创新思维、创新能力和创新个性为主要目标的教育理论和方法，在学生系统地掌握学科知识的同时发展他们的创新精神和创新能力"。

（二）创新教育概念的内涵

创新教育以应对知识经济时代的挑战所提出的教育发展的新理念和新思想为背景，是在同传统教育、素质教育、现代教育的相互比照中逐渐呈现出来的。创新教育这一概念的提出和强调，并不仅仅意味着对未来教育的直面，同时也是对现实教育的反思。它不是一般的教育方法的改革或教学内容的增减，而是教育功能的重新定位，是带有全局性的、结构性的教育革新和价值追求。它的内涵极其丰富：

1. 创新教育以对现有文明的伟大超越作为自身的最高价值追求

现有文明是一种传统的积淀，它是由历史沿传而来的风俗习惯、思想作风、原则特性等各种优良成果的结晶，是对符合客观规律的宝贵历史经验的总结和沿袭。创新教育就是要用批判的视角去看待传统，实现传统与现代的整合。传统不是消逝在历史中的东西，不是仅仅沉睡在遗存下来的书面文献的东西，不是作为现代人身外之物而存在的状态，而是应通过创新教育的实施，将其转化为现代人本身存在的东西，转化为现代化的思维方式。创新教育要注意正确处理继承与创新的关系，把继承和创新历史地统一起来，辩证地理解继承和创新，继承是创新的基础，创新是继承的发展，是对既有文明的依赖和扬弃、更新和突破，这正是创新教育的价值目标所在。

2. 创新教育以培养人的创新精神为切入点

创新精神是创新的非智力方面，包括人的创新意识、创新情感、创新人格等多方面的要素。创新意识即推崇创新、追求创新和以创新为荣的价值意识，它是创新发生的欲望表现。只有在强烈的创新意识的引导下，人们才可能产生创新动机，树立创新目标，充分发挥创新潜力，释放创新激情，也才会有创新的实施和创新的成果。创新意识是创新的发动机，一切创新智慧都从这里产生。创新情感是创新实施的动力，如远大的理想、坚定的信念、强烈的激情等都属于创新情感的范畴。"创新涵容着为推进人类文明进化而选择的崇高性、独特性兼备的创新目标，涵容着为提高人类美学价值而投入创新过程的高尚情操，涵容着为增进利他精神而尽情发挥的开拓风貌，涵容着为优化个体的创新性社会功能而认真掌握创新技巧的热情，涵容着为追求永恒的价值目标而把自我短暂的人生化为人类文明序列的磊落胸怀"，这些都是创新情感。创新人格是创新主体的个性品质，如奋发向上、积极进取的开拓精神，敢于怀疑、勇于批判的科学精神，顽强果断、坚忍不拔的意志品质等，创新人格的差异一定程度上决定着创新成就的差异。

3. 创新教育以培养创新能力为着力点

创新能力的培养是创新教育的重点，它包括创新思维能力和创新实践能力两个方面。创新思维能力如丰富的想象思维能力、广阔的联想思维能力、敏锐的直觉思维能力以及果敢的预测和判断思维能力等，能帮助学生较好地掌握知识，并将这些知识广泛地迁移到学习新知的过程中，以使学习活动顺利完成。创新思维是整个创新活动的关键，是创新力的核心。创新实践能力是"对创新主体创新技能的培养所达到的一种实践水平，主要包括创新主体的信息加工能力、一般的工作能力、动手能力或操作能力以及熟练掌握和运用创新技法的能力、创新成果的表达能力和表现能力及物化能力等"。从创新思维能力和创新实践能力的关系来看，创新思维是创新实践的理性支持，而创新实践则是创新思维的物化形态。

创新教育从根本上来说是一种重视人的主体性的教育，它弘扬人的主体精神，以人为本，以人的发展为本，注重发展人的创造性，以培养人的创新能力为基本价值取向，是为全面提高人的素质，尤其是突出人的创新素质为目标的教育。创新教育既是一个现实的过程，也是一种瞻望的目标，更是一种心怀的理想和追求的信念，蕴含着教育的未来和民族的希望。

二、创新教育是素质教育的核心和灵魂

素质教育是我国当前各级各类教育的核心，也是教育工作者普遍关注的焦点和热点。

1999 年 9 月，中共中央、国务院召开全国教育工作会议，做出了《关于深化教育改革，全面推进素质教育的决定》，《决定》对素质教育做了精辟的论述："实施素质教育，就是全面贯彻党的教育方针，以提高国民素质为根本宗旨，以培养学生的创新精神和实践能力为重点，造就有理想、有道德、有文化、有纪律的德智体美等全面发展的社会主义事业的建设者和接班人"。可见，素质教育的目标就在于造就全面发展的"四有新人"，宗旨是提高国民素质，其灵魂和核心则是培养学生的创新精神和创新基础上的实践能力。

创新教育之所以是素质教育的核心和灵魂，是因为创新教育是从开发创造力入手，达到提高素质的目的的。创造力是人的素质中最活跃、最具能动性的因素，它的提高能带动素质中其他因素的健康发展。而且，同知识和技能相比，创新的原理与方法更具普遍性、持久性，影响更深远，创新开发的效果往往能在相当长的时间内发生作用，甚至可以影响人的一生。这对于全面提高我国的人才素质，全面改善我国的国民素质，无疑是极为有效的。创新素质是人的素质高低的主要标准，是构成人素质的核心，抓住了这一关键环节，也就抓住了素质教育的脉搏。创新教育的成效直接关联着素质教育目标的达成与实现，关系着人的完善和提高，关系着社会的进步与发展，是培养受教育者创新精神唯一行之有效的途径。

三、知识经济形态下的高校创新教育

古今中外，一些哲学家、思想家以及经济学家都对科学技术在社会经济发展中的推动作用给予了充分肯定。培根的名言"知识就是力量"影响着人类几个世纪。马克思的"科学技术是生产力"的论断，把科学技术在生产和经济发展中的作用提升到了一个新的高度。邓小平"科学技术是第一生产力"的理论，再一次将科学技术对人类社会生产力的重要性突出出来。江泽民提出"科教兴国"的伟大战略，就是为迎接以知识、科技为支撑的新经济形态的到来而做准备的。

1990 年联合国研究机构首次提出了"知识经济"的概念，经济合作与发展组织（OECD）对"知识经济"作了较为系统的研究与阐述，对知识经济的内涵进行了概括：知识经济是建立在知识和信息的生产、分配和使用之上的经济，是继农业经济、工业经济之后的一种新的经济形态。在这种经济形态中，知识和科技在经济增长中的作用日益凸显，它以高科技为主构成生产力系统，知识所创造的价值在产品价值中占了最大的比值，经济的增长不再依赖于物质资源、资本及硬件的数量与规模，而主要取决于知识和科技的积累与运用。因此，知识经济也可称为智力经济，是一种智力支撑型经济。与传统工业经济以大量资金、设备等有形资产投入为主相比，知识经济是一种资产投入无形化的经济，知识、智力、科技等就是这种无形化的资产。知识经济是教育、科技与经济紧密结合的经济，是教育优先发展的经济，它不仅重视知识的创造，而且重视知识的传播、扩散与使用。在这种经济形态下，高素质人才的培养日益受到重视，获取和应用知识的能力和效率成为决定经济成功与否的重要因素。知识经济的兴起是一场无声的革命，它对各国经济的发展和国力的增强已经或将会产生越来越大的影响，为应对这一革命，抓住这一革命带来的发展机遇，各国正紧锣密鼓地制定和调整发展战略。美国前总统克林顿 1998 年在美国科学年会上指出，保持美国的科技优势是美国全社会的任务和职责，为此，必须加强教育工作，使美国的教育质量成为世界上最高的教育质量。日本政府也在 1996 年通过了"科学技术基本计划"，期望进一步强化日本科技在经济发展中的作用。我国领导人根据世界经济发展的新形势和新趋势，结合我国国情，适时地、历史性地提出了"科教兴国"的伟大战略，以迎接知识经济的真正到来。

知识的核心是科技，关键是人才，基础是教育。在农业经济时代，人们希望占有土地；在工业经济时代，人们企图拥有资本；在知识经济时代，人们渴望掌握知识，掌握知识将成为现代人的终身需求。党的十五大报告指出："科技进步是经济发展的决定性因素，要充分估量未来科学技术特别是高科技发展对综合国力、社会经济结构和人民生活的巨大影响，把加速科技进步放在经济社会发展的关键地位，使经济建设真正转到依靠科技进步和提高劳动者素质的轨道上来。"教育作为培养人才的社会活动，其基本职能就是为社会培养具有一定素质的劳动者。高校教育不能定位在简单的知识传授上，而要突出"创新"二字，因为高校的创新教育对知识经济的发展有着重大作用，它是积累、传递、创造科学技术的重要手段，是培养科技人才、创新型劳动者的坚实基础，是推动科技创新、科技发展的重要力量，是科技转化为现实生产力的桥梁。因此，深化高校教育改革，大力提高教育质量，努力培养具有创新素质的人才，建立适应知识经济需要的现代教育制度，构建新的人才培养模式，坚定不移地走创新教育之路，是当前高校教育必须直面和努力践行的发展道路，更是义不容辞的社会责任。

四、全球化视野中的高校创新教育

全球化是当今世界发展不可逆转的大趋势，它正深刻地影响着人类生产和生活的方方面面。全球化趋势不仅改变着高校教育所处的环境，而且对高校教育与社会经济关系的变化以及高校教育本身的变革产生着重大影响。在全球化背景下，传统的高校教育、高等教育的许多边界，无论是观念上的、制度上的还是地理上的，正在慢慢模糊并逐渐消失，向无边界过渡，有些国家甚至提出了"无边界高等教育"的概念。这一全球化或无边界化的趋势，对于高校教育来说，尤其是对于加入了 WTO 后的我国高校教育来说，既是一种机遇，也是一种挑战。机遇在于，高校可以更多地、更深地向其他高校学习，尤其是学习世界知名高校的管理模式、办学经验、教育机制等，甚至还可以与世界知名高校有一定程度的合作，从而缩短与它们之间的差距。挑战则在于，教育市场放开了，竞争加剧了，学校自身的生存和发展受到了很大的冲击，对教育制度、课程内容、教学方法、培养目标、管理模式、质量标准等也提出了严峻的挑战。全球化进程同时加剧了世界各国对知识劳动者的竞争和对他国教育质量的关注。世界高等教育市场的开拓也使高校教育首先必须将重心放在自身的发展上,只有自身的发展过硬,才能获得国际上的认可,也才能取得进入世界高等教育市场的钥匙。所有这一切,都给我国高校教育提出了相当多、相当高的要求,其中最基础和核心的一条就是,我国的高校教育在全球化趋势下,必须要走创新发展的道路,大力加强高校创新教育。高校教育的对象,不是定型、定格、定量的标准产品,而是人,是可塑性极大的年轻人,是成千上万各具个性的人,是来自不同背景,具有不同基础知识、能力、技能、已养成独特的人格和品格、将去面对当前和未来迅速变化的社会的人。高校教育,不能像简单的物质商品生产那样统一标准,而应体现教育的个性。在国际教育的大环境和大背景中营造中国高校教育的创新环境和创新观念,确立以人为本,以社会发展为导向,以人的创新意识和创造能力为核心的价值观,采用先进的教育教学模式和方法,致力于探索科研型与创新型人才的培养模式,将是现今高校教育内部改革的核心意义所在。

第三节 高校开展创新教育的背景基础

一、新世纪的呼唤

所谓知识经济是指直接建立在知识与信息的生产、分配和使用基础上的经济。与农业时代主要依靠自然资源、工业时代主要依靠金融资本来推动生产力的发展截然不同,在知识经济时代,知识将成为最重要的经济和生产要素,带动社会生产中各种劳动形式向以脑力劳动为主和不断开发新知识资源的方向发展。如果说农业社会生产和开发的主体是村落和家庭,工业社会研究和开发的主体是工厂和企业,那么知识经济社会研究和开发的主体将主要是大学、科研机构和与大学相关联的企业,而且随着知识经济的发展和成熟,大学的作用会越来越大,对社会的影响将越来越深刻。因此,知识经济时代将是大学的时代、教育的时代。教育正从传统社会舞台的边缘走向现代社会舞台的中心。知识经济的崛起,表明人类社会将逐步告别工业化生产时代,正步入一个以智力资源和信息资源为主要依托的知识经济时代,步入一个以创新为灵魂的新型经济形态,这必将从根本上改变人类社会的生产方式、工作方式、学习方式、生活方式和思维方式。因为,在知识经济时代,综合国力的竞争,实质上演变为知识创新和技术创新的竞争,归根到底是创新教育和创新人才的竞争。

创新既是新世纪的原动力,又是新世纪的新课题。正是在这样的背景下,世界各国,无论是发达国家,还是发展中国家,均以前所未有的决心和力度倾注于教育,把开展创新教育和建立国家创新体系作为迎接新世纪知识经济挑战和机遇的"头号工程"。1996年"国际 21 世纪教育委员会"向联合国教科文组织提交的著名报告《教育——财富蕴藏其中》集中反映了这一潮流，报告呼吁教育必须围绕四种基本的学习能力来重新设计、重新组织（新世纪教育的四大支柱）：

（1）学知，即掌握认识世界的工具；

（2）学做，即学会在一定的环境中工作；

（3）学会共同生活，培养在人类活动中的参与和合作精神；

（4）学会发展，以适应和改造自己的环境。

报告把创新教育作为教育的最高目标："教育的任务是毫不例外地使所有人的创造才能和创造潜力都能结出丰硕的果实……这一目标比其他所有的目标都重要。"美国哈佛大学校长陆登庭在北京大学校庆 100 周年讲坛上也深刻指出："在迈向新世纪的过程中，一种最好的教育就是有利于人们具有创造性，使人们变得更善于思考，更有追求的理想和洞察力，成为更完善、更成功的人。"

我国的教育改革与发展根据基本国情，顺应世界潮流，在邓小平提出的"教育要面向现代化，面向世界，面向未来"的重要思想指引下，适时地提出了开展创新教育和建立国家创新体系。1999 年召开的第三次全国教育工作会议，站在迎接 21 世纪的挑战、增强综合国力、提高民族创新能力的高度，全面部署教育改革与发展的大计，中共中央、国务院做出了《关于深化教育改革全面推进素质教育的决定》，使我国的"以提高国民素质为根本宗旨，以培养学生的创新精神和实践能力为重点"的素质教育开始进入全面推进的新阶段。今天的创新教育是对过去的"创造教育"的继承和超越。早在 1912 年，美籍奥地利裔经济学家熊彼得在《经济发展理论》一书中首次提出了"创新"的概念："创新"指的是"生产要素和生产条件的'新组合'引入生产体系。"后来，人们又把这种创新划分为技术创新、制度创新两大类型。

几乎与此同时，美国心理学家吉尔福德发表了关于创造性的著名讲演，美国教育家杜威也曾就传统教育中缺乏创造性的弊端提出过批评，提倡创造教育，开发学生的创造性思维和能力。

我国著名教育家陶行知先生早在 20 世纪二三十年代就提出了"创造教育"的主张。1943 年他在《新华日报》上发表了《创造宣言》一文，提出"处处是创造之地，天天是创造之时，人人是创造之人，让我们至少走两步退一步，向着创造之路迈进吧"。

苏联在 20 世纪 60 年代也提出创造性教学体系。日本从 20 世纪 80 年代以来也有了"创造性教育"的主张，并开展了实验，成立了研究团体。过去的"创造教育"在实施过程中更多侧重在操作层面上，如动脑、动口、动手，搞小发明、小制作，或开展思维训练，发展和培养思维能力。这对今天开展创新教育是一种宝贵的资源。然而，时代在发展，今天的创新教育已不仅仅是教育方法的改革或教育内容的增减，而是教育功能上的重新定位，是带有全面性、结构性的教育革新和教育发展的价值追求，因而具有更深刻的意义。

二、大学生创新教育的意义

对于创新教育，目前教育界关注较多的是在基础教育阶段。中央教育科学研究所牵头，全国 20 多个省市参加的"创新教育的研究与实验"大型教改实验课题就是针对中小学开展创新教育。该课题对创新教育的定义是："创新教育是以培养人的创新精神和创造能力为基本价值取向的教育实践。其核心是在认真做好'普九'工作的前提下，在全面实施素质教育的过程中，为了迎接知识经济时代的挑战，着重研究和解决基础教育如何培养中小学生的创新精神和创造能力的问题。"这对于创新教育从小抓起，从基础抓起，是完全必要的。但是笔者认为，我们也应该同样关注大学生的创新教育。理由有三：其一，创新教育是一项系统工程，应贯穿于整个教育过程，从幼儿园、小学、中学到大学，缺一不可；其二，创新教育是分层次的，如果说中小学的创新教育是基础层面，那么大学生的创新教育则是较高层面，要求和侧重点不一样；其三，从教育的功能来看，与基础教育传播知识、保存知识的功能不同，高等教育在国家创新体系中主要肩负着创新知识与造就创新人才的功能，从这个意义上讲，开展大学生创新教育尤为必要、尤为紧迫。开展大学生创新教育，无论从理论上，还是实践上都具有重要的意义。

（一）有利于对创新型人才的培养

我国教育有自己的优势和传统，也存在着不足和薄弱环节。优势是学生的科学文化基础知识比较扎实，应试能力较强；不足是学生的动手能力、实践能力较差，相对缺乏创新精神和创新能力。最明显的例子是当今世界科学界最高奖项诺贝尔科学奖，它在很大程度上体现了一个国家和民族的科学实力和创新实力。从 1901 年诺贝尔科学奖颁发至今，我国本土上没能培养出一名诺贝尔科学奖获得者，与此形成鲜明对比的是，杨振宁、李政道、李远哲、丁肇中、朱棣文、崔琦等 6 位美籍华裔科学家都在别国的国土上获此殊荣。这就给我们提出了一个十分严峻而现实的问题，为什么聪明的中国人只有在外国的环境中才显出他们更高的创新才能？这是一个值得我们认真探讨和深思的问题。原因也许是多方面的，但有一点可以肯定，我们在创新人才培养体制中存在着严重的问题，我们还缺乏适合创新人才培养的土壤，还没有形成系统有效的创新人才培养运行机制。开展创新教育，改革人才培养模式，逐步纠正我国教育的薄弱环节，才能培养出世界一流的创造性人才。

（二）有利于全面推进素质教育

《中共中央、国务院关于深化教育改革全面推进素质教育的决定》指出："实施素质教育应当贯穿于幼儿教育、中小学教育、职业教育、成人教育、高等教育等各级各类教育""高等教育要重视培养大学生的创新能力、实践能力和创业精神，普遍提高大学生的人文素养和科学素质"。对素质教育的认识和实施，高等教育滞后于基础教育。素质教育作为一种新的教育理念，具有十分旺盛而强大的生命力。素质教育的提出，给中国的教育带来了新的生机。素质教育，从本质上说，"是以提高全民族素质为宗旨，以培养学生的创新精神和实践能力为重点"的教育。创新教育是素质教育的核心和主旨。高等教育只有以大学生创新教育为突破口，才能全面推进素质教育，开发大学生的潜能，促进大学生的全面发展。因为"创造是涵容着为推进人类文明进化而选择的崇高性，独特性兼备的创新目标，涵容着为提高人类美学价值而投入创新过程的高尚情操，涵容着为增进利他精神而尽情发挥的开拓风貌，涵容着为优化个体的创新性社会功能而认真掌握创新技巧的热情，涵容着为追求永恒的价值目标而把自我短暂的人生化为人类文明序列的磊落胸怀"。

（三）有利于"科教兴国"战略的落实

高等学校兼有知识创新、知识传播和人才培养三重功能，不仅具有学科综合、教学科研结合等优势，还有源源不断的充满活力的青年人才。这使高等学校必然成为知识创新和人才培养的基地。更具深远意义的是，世界上许多国家的经验已经证明，那些具有创新精神的高等学校，必将以各种方式在其临近地区哺育出一大批高新技术企业，进而带动整个国家高新技术产业的发展。举世瞩目的硅谷诞生在美国斯坦福大学所在地，以英国剑桥大学为依托建立剑桥工业园取得巨大成功等例子都有力地证明，大学是现代经济的重要动力源。我国的创新能力与国家发展需要和国际先进水平相比有较大差距。1996年我国 GDP排在世界第 7 位，而我国科技国际竞争力排在世界第 28 位，比 1994 年的世界第 23 位下滑了 5 位。在知识创新和技术创新效率方面，我国从事研究与发展的总人数和企业研究与发展总人数均列世界前 4 位，而我国科学研究和专利指标的国际竞争力分别为世界第 32位和第 21 位。为了改变这种状况，党中央在实施"科教兴国"战略的过程中，提出了建立国家创新体系的重大决策。国家创新体系是经济和社会可持续发展的基础和引擎，是培养和造就高素质人才的摇篮，是综合竞争力的支柱和关键。国家创新体系是由与知识创新和技术创新相关的机构和社会单元组成的网络体系。其主要组成部分是企业（大型企业集团和高技术产业为主）、科研机构和高等院校等。因此，开展大学生创新教育，对于建设国家创新体系，落实"科教兴国"战略，是非常重要的。

三、大学生创新教育的理论构建

创新教育是指运用创新理论，遵循创新活动的规律和学生创新素质形成的规律，以培养学生具有一定的创新意识、创新思维、创新方法以及创新人格为主要目标的教育活动。创新教育具有如下特征：第一，层次性。针对不同层次的教育对象，要确立不同的创新教育目标、设置不同的创新教育内容和途径。具体来说，也就是对小学、中学及大学几个不同阶段的学生，必须针对各层次学生的身心特点，进行适应性的创新教育。第二，开放性。传统教育在许多方面表现出很大的封闭性，这在一定程度上阻碍了学生创新力的培养。因此创新教育的开放性体现在教育的方式、途径和教学内容等方面。第三，价值性。创新教育具有社会价值、经济价值和发展价值，对于学生而言，重在培养创新的发展价值。第四，超前性。由于创新教育是对现存事物的变革，以求新为灵魂，所以，就必然带有超前性。因此，大学生创新教育的理论框架的构建至少应该包括：大学生创新观念的确立，创新知识的准备，创新方法的学习，创新能力的培养和创新人格的塑造。

（一）大学生创新观念的确立

观念是行动的先导。创新教育的成功实施，首先要使创造力的伟大价值深入每个教育者和受教育者乃至全社会每位公民的心。那就是：创造是人类文明之源泉，是新世纪之母，是人类赖以生存和发展之重要手段，是社会前进之动力，是个人成才之基础；创造力是生产力诸要素中最核心的要素，是人类智慧中最绚丽的花朵，具有化腐朽为神奇的力量。创新教育要使师生都能认识到创造是人本质力量的最高体现和表征；发展创造力就是维护人类的天职，是现代教育的灵魂。因此，从创新观念层次看，首先是创新意识的培养，也就是推崇创新、追求创新，以创新为荣的观念和意识的培养。只有在强烈的创新意识的引导下，人们才可能产生强烈的创新动机，树立创新目标，充分发挥创新潜力和聪明才智。其次是创新情感的培养，创新过程并不仅仅是纯粹的智力活动过程，它还需要以创新情感为动力，如远大的理想、坚强的信念以及强烈的创新激情等因素。在智力和创新情感双重因素的作用下，人们的创新才可能获得综合效应。再次是创新思维的培养，它是指发明或发现一处新方式用以处理某种事物的思维过程，是整个创新活动和智能结构的关键，是创新能力的核心。创新是产生于激情驱动下的自觉思维，创新思维是由于热爱、追求、奋斗和奉献所形成的精神境界高度集中，沉浸于那种环境所产生的自觉思维。这也就是美国彼得·圣吉（Peter senge）"五项修炼"中的"改善心智模式"。

（二）大学生创新知识的准备

创新离不开知识的支持，良好的创新知识体系，是创新教育的基础。知识是人类实践经验的科学总结，它反映了现实世界各种事物和现象的本质属性、相互联系和发展的规律。科学知识是人们认识世界和有效地改造世界的前提条件，是人们进行创新活动的必要基础；并且，知识的积累能促进人们创新能力的强化。一个人头脑里知识库中的知识储备量越多，思维的空间和自由度越大，所蕴含的主动性、创造性的机会越多，构想成创造性思维的成果的可能性也越大。

值得指出的是，人类的认识能力随着实践活动在不断地发展提高，科学知识也不断地发生变化。一方面，许多新观念、新发现、新发明和新管理模式不断丰富人类的知识宝库；而另一方面在新的实践检验下，一些陈旧的观念和结论，一个个被扬弃。因而对于知识的学习就有两种类型：一种是维持性学习，它的功能在于获得已有的知识、经验，以提高解决当前已经发生问题的能力；另一种是创新性学习，它的功能在于通过学习，提高一个人发现、吸收新信息和提出新问题的能力，以迎接、处理好社会发生的日新月异的变化。大学生创新知识的准备和学习，显然只能是后者。通过创造性学习、交叉性学习、探索性学习、研究性学习、批判性学习，引导大学生建立独特的知识结构，使之基础扎实、文理交融，既有科学精神又有人文素养，富有创造力。因为创新的思维总是生长在与众不同的知识结构上，这就对教师提出了新的要求，教师要努力成为创新型教师，善于吸收最新的科学成果，将其积极运用于教学中。教师要敢于突破权威思想，建立新型的师生关系，鼓励学生大胆质疑和创新。重视实践活动，鼓励学生参加课外活动，给学生提供更多的机会接触社会和实践。在一种支持性的环境中，运用创新思维的策略，激发学生创新的动机，以培养学生的创新能力。

（三）大学生创新方法的学习

创新既是一个客观的实践过程，又是一个微观的心理过程，其复杂程度很大，必须有正确的途径和良好的方法。科学社会学创始人贝尔纳说过："良好的方法使我们能更好地发挥和运用天赋才能，而拙劣的方法则可能阻碍才能的发挥。因此，科学中难能可贵的知识创新性才华，由于方法拙劣可能被削弱，甚至被扼杀；而良好的方法则会增长、促进这种才华。"创新方法是创新思维的操作机制。它反映为创新主体在创新活动中行为的动作技巧和能力。它包括创新者对创新信息、材料的加工能力、操作能力，对创新成果的表达能力等。世界上常用的创新方法有很多，大体可以归为两大类：一是综合集中法，通过搜集大量的信息，从中发现问题，或是激发创造性设想，然后再通过集中思维找出创新的最佳方案，这种方法包括缺点列举法、希望点列举法、特性列举法、检核表法、组合法和情报整理法等；二是扩散发现法，通过利用发散思维来诱发各种创新性设想，产生创新成果，它包括类比法、自由联想法、等值变换法、头脑风暴法和智力激励法等。这些方法是20世纪30年代以来对"创造技法"的研究成果。它建立在对大量创造发明案例的分析、总结以及对创造规律的认识的基础之上。因此，通过创新方法的学习和训练，可以提高大学生思维的速度、拓宽思维的广度、延展思维的深度，达到培养学生的创新思维和创新能力的目的。

（四）大学生创新能力的培养

创新能力是人在观察、思考活动的基础上而形成的掌握知识、运用知识、进行创新的本领。创新能力是人类高智能活动的表现。它既是认识能力和实践能力结合的产物，又是人的自身创造智力和创造品格的结合。创新能力一般包括三个层次：一是用已知的知识创造性地去分析问题、解决问题；二是运用探索能力，通过已知的科学知识或理论去分析新问题、解决新问题、获得新的理论和能力；三是运用科研能力，设计新方案，提出新假设，创立新理论，研制新技术，开发新产品，或发现人类未曾发现的客观规律，或创造人类从未创造的新事物，这种创造才能是最高层次的智能表现。培养创新能力是大学生创新教育的关键。创新人才的能力结构，主要包含有一般创新能力和特殊创新能力两大要素。

一般创新能力是指在一切创新领域都起作用的能力，是代表创新者心理能力水准的最普遍的能力体系，其中创造性观察能力和创造性思维能力是最重要的能力要素。观察是认识事物和发现事物的一种基本途径。古今中外，凡在事业上有重大建树的人，无不得益于他们敏锐的观察力。创新教育中培养学生的创造性观察能力，主要是强化学生发现意外、动态观察，迂回观察、变换视角和实验观察的技能，使之能看到别人未曾看到的东西，并能思考别人未曾思考过的问题。创造性思维能力是一般创新能力的核心要素，是创新人才最突出的思维特征。创造性思维能力力求发现新的问题、解决新的问题。特殊创新能力是创新能力体系中的重要构成，是从事创造性活动的必要条件。它包括从事特定活动所必须具有的学科能力和专门技能。例如从事教师职业所需要的普通话、板书、现代教育技术、做班主任工作等方面的能力，从事机电产品创新设计所需要的机械设计能力、计算机辅助设计能力、机电测试能力、制作样品样机的工艺技能，从事音乐创作所需要的旋律感、节奏感、音乐想象力，等等。显而易见，学科教学或专业教学是培养这种能力的主要途径。

（五）大学生创新人格的塑造

人格是由生理遗传与后天经验共同形成的，包含人的各种心理要素并能根据客观条件变化的、相对稳定的内部行为和外部行为的统一，是现实中体现个人特色的思想和行为的综合。人格的核心意义是指个体独具的各种特质或特点的总和。

创新人格是创新活动的动力系统。它包括创新情感、创新意志和创新理智三个方面。它表现为对创新活动的热爱、有强烈的创新欲望，以及在创新活动中勇于克服困难、不屈不挠的奋斗精神，并能正确地判断创新的价值、方向和水平。早在1935年，爱因斯坦就明确指出人格的伟大对一个人取得"才智成就"的重要性。他在悼念居里夫人的演讲中说："第一流人物对于时代和历史进程的意义，在其道德品质方面，也许比单纯的才智成就方面还要大。……我对她的人格的伟大愈来愈感到钦佩。"个性特点的差异在一定程度上决定着创新成就的大小。创新个性一般来说，主要包括勇敢、诚实、独立性强、有恒心以及一丝不苟等良好的人格特征。因此，大学生创新人格的塑造要努力做到：一是树立创新的理想，坚定创新的信念，培养坚韧不拔的意志品质；二是明确创新活动的目标，应由小目标到大目标、由低到高，通过递进的发展，使其逐渐形成创新素质；三是教师在教学过程中，要根据学生的能力水平提出一些难度较大的问题，让学生在分析、解决问题的过程中，使其创新的意志品质得到锻炼；四要培养学生对自己的创新过程进行自我监控能力，发现问题及时矫正，使其创新活动始终能够沿着正确的方向前进。

第四节 中国传统文化的内涵与精神

中国传统文化博大精深，源远流长。在它的长期发展过程中，由于人民群众社会实践的推动和思想家的概括提炼，逐渐积淀形成了一系列优秀的文化品质。这些优秀文化传统固然有文明与文化的一般共性，但由于其是在中国特定的自然环境和社会历史条件下孕育的，故而更具有鲜明的中国特质，它对于中国社会的文明进步，对于中华民族的成长壮大，有着不可替代的促进作用。因而，对中国传统文化特质及其由此所衍生的基本特征做概况的了解，无疑构成我们学习、领会和发掘传统文化的基本认知前提。

一、中国传统文化的特质

任何一种文化的产生都离不开特定的自然条件和社会历史条件。中国文化的特质正是由其特定的自然、社会历史条件所决定的。从地理环境方面来看，我国处于一种半封闭的、高度稳定状态的大陆性地域，与西方地中海沿岸的民族所处地域有很大的不同；从物质生产方式方面来看，我国文化根植于农业社会的基础之上、封建的小农经济在中国有几千年的历史，这与中亚、西亚的游牧民族，工商业比较发达的海洋民族相比也有很大的不同；从社会组织结构方面来看，宗法制度在我国漫长的历史中成为维系社会的重要纽带，专制制度在中国延续两千多年，这在世界历史上更是罕见的。

正是上述独特的自然、历史条件的相互影响和制约，使得与之相适应的中国传统文化带有鲜明的个性色彩。如果从整个世界文明与文化发展的历史方面来考察和比较，我们就可以发现，中国传统文化的特质大致表现在如下几个方面。

（一）中国传统文化有着无与伦比的生命延续力

就世界范围而论，中国古代文化虽然是世界上最古老的文化之一，却不是最早的。然而，在世界上所有古老文明与文化的演变中，唯有中国传统文化表现出最顽强的生命延续力和时空穿透力。正是这种无与伦比的延续力和穿透力，使得中国传统文化成为世界上唯一绵延不绝发展至今的一种文化类型。在四大文明古国中，古印度文化因雅利安人入侵而雅利安化；埃及文化先后因亚历山大的占领而希腊化、凯撒的占领而罗马化、阿拉伯人移入伊斯兰文化，希腊、罗马文化则因日耳曼人的入侵而中断并沉睡千年。但是在中国历史上，此类情形却从未发生过。

中国传统文化这种强健的生命延续力的成因是多方面的。东亚大陆特殊地理环境提供了相对隔绝的状态，是其缘由之一。华夏文化长期以来以明显的先进性多次"同化"以武力入主中原的北方游牧民族，反复上演着"征服者反被征服"的历史戏剧，也是一个重要的原因。事实上，在漫长的历史发展过程中，中国古代文化虽未受到远自欧洲、西亚、南亚而来的威胁，但也屡屡遭到北方游牧民族的军事冲击。比如春秋以前的"南夷"与"北狄"交侵，十六国时期的"五胡乱华"，宋元时期契丹、女真、蒙古人接连南下，直至明末的满族入关。这些勇猛剽悍的游牧民族虽然在军事上大占上风，甚至多次建立起强有力的统治王朝，但在文化方面却总是自觉地被以华夏农耕文化为代表的中原文化所同化。匈奴、鲜卑、突厥、契丹、女真、蒙古等游牧或半农半牧民族在与先进的中原文化的接触过程中，几乎都发生了由氏族社会向封建社会的过渡或飞跃，军事征服的结果，不是被征服者的文化毁灭与中断，而是征服者的文化皈依和进步。在这一过程中，华夏传统文化又多方面地吸收了新鲜养料，如游牧民族的骑射技术，边疆地区的物产、技艺等，从而增添了新的生命活力。

正是从这个意义上可以说，中国传统文化犹如万里长江，是由无数高山上的涓涓细流汇合而成的一条奔腾的大河，它一直向前发展，从未中断，直到汇入浩瀚的大海。由此，中国传统文化在其发展中既一脉相承，又汇入了我国各民族的智慧。正是这样的原因，形成了它独特的具有强盛生命力的文化传承体系，成为世界文化史上的一道亮丽奇观。

（二）中国传统文化有着非凡的包容精神

从文化的演进方面而言，中国传统文化在自己的发展历程中，从不抱残守缺，故步自封，而总是能以非凡的包容和会通精神来丰富和完善自己。传统文化的这一精神首先表现在对诸家学说采取兼容并蓄的学术会通。所以，中国古代思想家员各有所尊，但又提倡"万物并育而不相害，道并行而不相悖"（《礼记·中席》），并把这当作文明与文化发展的理想境界。所以，春秋战国时虽百家争鸣，互相驳难，但也互相吸收，取长补短。比如吕不韦就主张统揽百家，这一思想集中体现在他主持编撰的《吕氏春秋》中。事实上，在中国传统文化中，儒、释（佛）、道三者得以长期并存，更是典型地反映了这一包容会通精神。所以，在中国古代，儒、释（佛）、道三教的神可以并把于一堂，在《西游配》《红楼梦》等古典小说中更是可以见到三者合一的许多具体描写，唐太宗在《大秦景教流行中国碑》序文里，甚至表达了任何宗教都可以融合在一起的思想。不仅如此，古代中国除了儒、释（佛）、道三家并存外，甚至还以宽厚的心态接受了基督教、伊斯兰教等其他宗教的传入。

正是这种包容融合精神，使得中国文化具有了非凡的融合力。而这种文化融合力也就成为凝聚中华民族大家庭的一种亲和力。中国历史上各民族的融合与亲和在世界上也是少见的，它曾令世界上许多著名的学者称羡不已。英国历史学家汤因比在20世纪70年代初，曾与日本学者池田大作有过一次著名的对话。在这次对话中，他曾这样指出："就中国人来说，几千年来，比世界任何民族都成功地把几亿民众，从政治上文化上团结起来。他们显示出这种在政治、文化上统一的本领，具有无与伦比的成功经验。

中国传统文化的这种包容融合精神同样也表现在对外来文化的吸纳与同化上。特别值得推崇的是，中国传统文化在与外来文化交汇接触时、既能包容吸纳，但又始终是以本土自创的文化为主体，所以，虽然经历了几下年的吸收、融合过程，中华文化仍有始终一贯的体系和特点。这也是其他古代文化所没有的独特现象。比如古印度的佛教传入中国后就发生了文化变异，成就的是中国佛教的教义与修行方式。这其中就连佛像进入中国后，经过中国人的塑造，也越来越保中国人。这一中国佛教甚至漂洋过海，走向全世界，以至于对佛教历来有"源于印度，成于中国"一说。在外来文化中国化的过程中，中国传统文化自身也得到了丰富和充实。比如对古印度佛教文化的吸收，在艺术上丰富了中国的绘画、雕塑、舞蹈、音乐；古印度梵文的传入，使中国产生了音韵学；由达摩开创的禅学思想丰富了中国文学作品的精神内涵，提高了中国文学作品的艺术境界，以至于到了"不懂禅，不足以言诗""不懂禅，不足以论书画"的地步。

（三）中国传统文化特别推崇天人和谐的思想

中西文化的基本差异之一就是在人与自然的关系问题上，中国文化比较重视人与自然的和谐统一，而西方文化则强调人要征服自然、改造自然，才能求得自己的生存和发展。诚然，中国古代如荀子也有过"明于天人之分"和"人能胜乎天"（《荀子·天论》）的思想，但这种思想并未占主导地位。中国古代思想家一般都反对把天和人割裂、对立起来的观念与做法，而是竭力主张天人协调，天人合一。在先人们看来，天与人、天道与人道、天理与人性是相类相通的，因而完全可以达到天人和谐统一的境界。

按照中国哲学史家张岱年先生的划分，在天人关系问题上中国古代思想家主要有三种学说：一是道家的"任自然"之说，即庄子认为的"不以人助天"（《庄子·大宗师》）；二是荀子的改造自然之说，"人天旧思之，孰与物畜而制之？从天而颂之，孰与制天命而用之？"（《荀子·天论》）；三是儒家的"辅相天地"之说，"天地交泰，后以裁成天地之道，辅相天地之宜，以左右民"（《周易大传》）。由于儒道互补构成中国传统文化的主导方面，而道家和儒家对天人关系的基本观点是一致的，这就是强调天人和谐。比如道家称"法天""忘己人天"，儒家称"畏天""天人合一"。作为儒家经典的《周易大传》对天人和谐的基本内涵曾做了如下的概括："夫大人者，与天地合其德，与日月台其时，与四时合其序，与鬼神合其吉凶。先天而弗违，后天顺奉天时可见，在古人看来人应遵循不违天时、不逆地利的天人和谐原则。

显然，中国传统文化把人生处世的理想目标确立为天人和谐、天人合一，其积极意义是明显的。钱穆先生在其《中国文化对人类未来可有的贡献》一文中曾经断言：中国文化中的天人合一观可对世界人类的未来求生存做以最主要的贡献。近代西方尤其是从 16 世纪开始发展起来的自然观，在"人定胜天""征服自然"等思想的支配下，一方面取得了巨大的物质文明成就；但另一方面，随着工业文明的发达，生态平衡、环境污染、能源危机等令人忧虑的社会问题迭起。这无疑是破坏天人和谐的结果。也因此，当代西方许多学者对中国传统文化中天人和谐、天人合一的思想开始表现出极大的关注和向往。英国学者汤因比甚至断言："人类未来的文明如果不以此作为范式的话，人类的前途将是可悲的。"

此外，中国传统文化还贯穿了"以人为本"的人文精神。"以人为本"用中国传统文化的话语来表达，就是肯定在天地人之间，以人为普；在人与神之间，以人为本。由此，中国传统文化自孔子起就有超越宗教，对鬼神敬而远之的基本文化传统。也因此，与西方曾出现过漫长的中世纪的神本主义历史相异，在中国历史上，不仅宗教神学的东西从未占据主导地位，而且诸如佛教、伊斯兰教（在古代称回回教）、基督教等外来宗教也无一例外地或多或少被儒家的人文精神所同化。

正是在这种以人为本的人文精神熏陶下，不仅历代贤明的君主几乎都把重生、重德、求百姓生活安定作为其基本的统治思想，而且能自觉地把自己置于现实社会关系中来考虑自我的生存之道。比如政治上的君臣关系，家庭中的父子、夫妇、兄弟关系，社会上的朋友关系，构成所谓的"五伦"。这五种伦常关系，各有其特定的道德行为规范，如君仁臣忠、父慈子学、夫敬妇从、兄友弟恭、朋友有信等。每一个人不仅处于五伦的关系网络之中，还同时处于整个社会家国一体的宗法政治关系网络之中。整个社会因此而成就有一整套与之相应的道德规范。每个人依此规范，在社会中扮演一定的角色、履行一定的义务，彼此之间相互关联、相互制约，维系社会生活正常有序的运转，从而实现各自人生价值目标，整个社会也因此而显得稳定有序。

特别值得指出的是，中国古代文化的这一人文传统还培养了中华民族重德行的人生价值观。在儒家那里，人与动物的根本区别就在于人有仁爱之心，有道德伦理的观念。人的一生所应追求的理想人格，也就是能够坚持和践履以"仁义"为核心的君子之道。由此出发，在古人看来甚至自然物也有了"比德"的意义，比如孔子就有"仁者乐山，智者乐水"（《论沿·雍也》）一说。汉代学者刘向则更是演绎出了孔子的如下一段比错思想。子贡问曰："君子见大水必观焉，何也？"孔子曰："夫水者，君子比德焉。遍于而无私，似德；所及者生，似仁；其流，卑下句，皆循其理，似义；浅者流行，深者不测，似智；其赴百仍之谷不疑，似勇；绰弱而微达，似察，受恶不让，似包蒙；不清以入，鲜洁以出，似善化；主量必平，似正；盈木求概，似度；其万折必东，似志。是以君子见大水观腐尔也，是知之所以乐也。"（《说苑·杂言》）中国传统文化小这一重德行的文化传统显然是从"以人为本"的人文精神中衍生出来的。

二、中国传统文化的基本特征

中国传统文化的特质决定着它所发现出来的种种特征。由于中国传统文化源远流长，内容博大精深，因而其基本特征在表现形式上就不可能是单一的，而一定是丰富多彩，有着众多层次和方面的一个系统结构。但从最基本的层面审视，我们也许可以说，传统文化的特征主要包括如下几个方面。

（一）以德行修养为安身立命之本

在中国传统的安身立命观念中，最注重的是个人的自我德行修养。这个传统甚至早在西周时期制定的周礼中就被凸显。周礼作为一种制度文化、行为文化和观念文化的集合体，其精髓就是以德配天，即所谓的"道德仁义，非礼不成，教训正俗，非礼不备"（《礼记·曲礼》）。著名史学家范文澜认为，周朝的文化就是一种尊礼文化。孔子继承并弘扬光大了这样一个以德配天的周礼文化传统。在孔子看来，要变"天下无道"为"天下有道"，就要求志士仁人在德行修养方面达到仁、智、勇的"三达德"境界。一旦一个人达到了这一德行修养的境界，就能做到"仁者不忧，知（智）者不惑，勇者不惧"（《论语·宪问》）。孔子自己的人生实践无疑就是孜孜追求这一德行充实于内心的一生。

到了宋代，朱熹提出了一整套"居敬察省"的德行修养理论。所谓居敬，就是意念间存一个郑重而不苟且的态度，对人、对事、对学问、对根本的义理，都郑重其事；所谓"察省"就是做到时时反省检查自己。正是鉴于德行修养对于一个人安身立命的重要性，他把《礼记》中的一篇《大学》单独抽取出来，列为"四书"之首。《大学》之所以如此被朱熹看重，原因就在于它强调了自我修养的八个步骤，并以天下太平和谐为其终极目的。这一修养功夫最初的两个步骤是诚意、正心，这说的是立志；其次两个步骤是格物、致知，目的在于了解世界；接下来的一个步骤是前面两个步骤的总括，即修身，其目的在于使自身变得完美，以便使自己能担负起社会历史责任；最后一个步骤是齐家、治国、平天下，其目的是践行自己的德行，在治国安邦的社会活动中实现一个人最终的生命价值。在古代，《大学》是每个文化人接触的第一本经典，具有发凡启蒙和确定人生宗旨的作用。可以说，后来整个中国文化关于修养方面的论述无一不是以它为基调的。

中国传统的错性修养理论讲诚意、正心、格物、致知、修身、齐家、治园、平天下，其中心环节是修身。因为诚意、正心、格物、致知是功夫，目的是为了修身；齐家、治国、平天下是修身的必然结果，身修好了，自然就有家和、国治、天下太平。故在儒家看来，修身是立身之道，也是立国之道。传统文化中的德行修养理论，强调了个人道德修养对社会生活的重要做用，这显然是非常合理的。这一德行修养传统的积极结果是在历史上造就了无数个像范仲淹那样的"先天下之忧而忧，后天下之乐而乐"（《岳阳楼记》）的志士仁人，他们身上崇高的德行已成为我们民族在道德人格追求方面的楷模。这一注重德行修养、善守道德人格的历史文化传统对中华民族的历史与现实显然产生了积极而深远的影响。

（二）以中庸为基本处世之道

中庸之道作为儒家最推崇的为人处世之道，一直贯穿于整个中国古代的传统观念之中。按照孔子以及后世儒家的解释，"中庸"的"中有中正、中和、不偏不倚"等含义；"庸"字是"用"的意思，"中庸"即"中用"之意。可见，中庸意即把两个极端统一起来，采取适度的中间立场，即守持不能过，也不能不及的平衡法则。

从历史上看，中正平和的思想在孔子之前就被先贤提倡了。尧在让位于舜时就强调治理社会要公正、执中。《周易》中也体现了"尚中"的观点，所以它的观点大多是吉利的，亦即是说只要不走极端是不大会有不利的局面出现的。春秋时期，中正平和的思想进一步扩展到其他领域。比如晏子就认为，食物、色彩、声音等，以能使人们心平德和为善。

孔子及以后的儒者则在上述思想的基础上，对中庸思想做了广泛的发挥：在政治上，依照中庸之道的原则，既不能一味宽容、宽厚，采取无为的态度；也不能使政策过于刚猛，刑罚过重，二者要相互协调，相互补充，以小和的态度处理政治问题。在经济上，依照中庸之道的原则，要给予百姓实惠，但不能浪费；要使百姓勤于劳作，但不能过度压榨，使他们产生怨恨，要允许各种欲望得到满足，但不能鼓励贪婪，没有限度。在伦理道德上，中庸更是被视为最高的道德原则。只有遵循中庸原则的人，才能成为君子；行为过激的人，只能被看作是小人。比如孔子就曾评论他的两个学生说，子张放肆过了头，子夏则过于拘谨，他们都没有做到中庸。在日常行为方面，依中庸之道看来，做事只考虑实际的质朴以至于忽视了文采，就会显得粗野；而只考虑外表的文采以至于忽视了质朴，又会显得虚浮。在处世态度方面，主观、武断而不留余地，自我中心，固执己见都不符合中庸之道。在审美欣赏上，依照中庸之道的原则，可以追求美的享受，但不能沉溺于其中；可以有各种忧思悲哀，但要适度，不能伤害身体；如此等等。正是基于这样的理解，朱熹曾对中庸有过这样的概括："中只是个恰好道理。"（《朱子语类》卷二十三）

中庸之道还被后世儒家进一步概括为世界的普遍规律，认为它不但体现了事物发展的运行规律，也构成人们实践所必须遵循的普遍原则。由此，中庸之道成为社会教化的重要内容，被视为做人所必须达到的一种境界。《礼记·中庸》把这种境界称为"极高明而道中庸"。至于如何达到这一境界，《中庸》认为有五个步骤："博学之，审问之，慎思之，明辨之，笃行之。"这一思想对我国古代知识分子安身立命与为人处世的实践产生了极其重要的影响。

作为一种根本的处世之道，中庸之道使人们普遍认识到自己的行为态度要适度，从而避免过激行为的出现，这使得中国社会有着某种特殊的稳定性，这是它积极的一面。但此外，它也为折中主义、明哲保身的处世哲学提供了理论土壤。这又在一定程度上阻碍了社会的向前发展。显然，这是我们把握这一文化特征时所必须注意的。

（三）以耕读传家为根本的治家之道

在古代家国同构的社会结构下，治家之道历来被看得很重。这其中，耕读传家被视为最基本的治家之道。"耕"是指农耕，"读"则是指读书。耕读传家的传统观念显然是与我国两千多年的农业社会发展相适应的。

我国古代社会的基本结构是以农养天下，以士治天下。这也就是说，养天下须重农耕，治天下须重读书。我们知道，农业是中国古代社会的根基，历代统治者对此深有认识，故而往往会把"重农"作为安邦兴国的基本国策。比如《吕氏春秋》里就断言："霸王有不先耕而成绢王者，古今无有。"所以，春秋战国以来，"重农"已成为历代君主既定的兴国之道。与此同时，古代的统治者也看到了读书人在治国安邦中的重要作用，于是采用各种方式把读书人中的依依者吸收到统治阶层中来，置其于官位，供之以俸禄，使读书人为其所用。正是统治者的这种尚读书、重农耕的长久治国策略影响到民间社会，就形成了中国家庭"耕读传家"的基本观念。

其实，中国的黎民百姓自古也有尚农的传统。这一传统的本质是把农桑视作生存之根本。《周易》就有"不耕获，未富也"的记载。从秦朝开始的历代统治者的重农抑商政策，更是把人们牢固地牵制在土地上，天下百姓莫不以农饼作为根本的生存和生活手段。长期的经验积淀使得古代中国人树立了一个牢固的信念；农耕是最可靠、最稳定的生存、生活手段，除非万不得已它是不可放弃的。正是在这样一种观念的影响下，在我国古代，即使是通过工商业致富或为官发财的人，最终也以购买田产作为根本生存与发展之计。因为相比较而言，这乃是最稳定的保存家产的办法。

虽然农耕是生存的基础，而若要求发展、求成就、求财富，在中国古代社会。唯一的正道就是读朽。因为"学而优则仕"。读书人可以通过读书人仕谋生，乃至发财致富，光宗耀祖。比如孟子就说过这样的话："士之仕也，犹农之耕也。"（《孟子·滕文公下》）这句话的意思是说，读书人做官就像农夫耕地一样可以安身立命。

可见，"耕读传家"这一观念既有重生计之"伤"，又有求高贵之"雅"。是我国古代传统文化中一种融雅俗于一体的生存智慧。它是古人在重农陶仕的社会之中所能采用的最好的治家方式。也因此，"耕读传家"作为根本的治家观念深植于传统文化之中，几千年来一直为世人所接受。

（四）以经学为治学之根本

在中国传统文化中，经学成为一以贯之的学术之根本。"经"本来是孔子所整理的上古文化典籍，总称为"六经"，即《周易》《尚书》《诗经》《礼》《乐》《春秋》。它涵盖了古代的政治、历史、哲学、文学、音乐、典章制度等丰富的文化内容。孔子去世后，儒家分为许多流派，但这些不同派别的思想家对"六经"都非常重视。比如荀子就认为，做学问"始乎诵经，终乎读礼"（《荀子·劝学》）。也许正因为这一缘故，荀子被认为是经学的最初倡导者。到了汉代，汉武帝采纳董仲舒的建议，罢黜百家，独尊儒术，"经"的地位也因此而大大提高。研究"六经"及儒家经典的学问被称作"经学"，是当时学术文化领域中压倒一切的学问。"经"也不断扩充与增加，到宋朝时扩充为"十三经"，除了孔子整理的"六经"外，《论语》《元子》，以及阅读古代经书的语言文字工具书《尔雅》等都包括在内，成为一切学术文化之根本。

因此，在我国古代，"经"具有不可更改和不容怀疑的权威性。西汉王朝推行"以经取士"的选官制度，更是引导读书人只从"经"处做学问。此后。传授经典和注解经典都成了专门的学问，并逐步形成了自汉代至清代的官方哲学——"经学"。

而且，作为一切文化学术的指导性经典，这些"经"常常被刻在石碑上，以显示其权威性。据史籍记载，在中国历史上曾经有过七次大规模的刻经运动。比如在西安碑林博物馆内，就完整地保存着历代的《开成石经》。除刻经外，历代对"十三经"的注疏、训解、发挥，更是层出不穷。仅据清代乾隆年间的《四库全书总目》记载，"经部"的著作就有1773部，20427卷。可以说，在汉代以后经学的发展取得了驾驭和主导一切学术文化领域的至高无上的地位。

事实上，经学是一门内容涉及广泛的学科，仅就"六经"而言，就已经包含了人文和半及某些自然科学。比如孔子就曾说过，该《诗经》，甚至可以增加对鸟兽虫鱼草木之名的博物知识。因此，经学本身并不排斥自然科学；相反，儒家经学中的理性主义以及某些思辨方法，对自然科学甚至还有启迪意义。但问题的关键是，经学以它自成一套的体系，凌驾于一切知识之上，无形之中就排斥了科学的独立性。这对古代自然科学的发展显然又是不利的。它至少是明清以后中国科学技术落后的一个重要文化根源。

（五）以义利合一为基本价值追求

追求义利合一是中国传统文化中的基本价值观，它是在古代思想家漫长的义利之辩的争论中逐步形成的。这里所说的"义"是指道义，而"利"则指利益，一般多指物质利益。

从先秦开始，中国古代思想家就纷纷对义与利的关系问题发表自己的看法。以孔孟为代表的儒家主张重义轻利。比如孔子就说"君子喻于义，小人喻于利"（《论语·里仁》）。孔子虽然并没有否定"利"但他反对见利忘义，主张君子要"义以为上""见利思义"（《论语·宪问》。孟子继承了孔子的思想，但更强调义与利的对峙。他说"何必曰利，亦有仁义而已"（《孟子·梁惠子上》），并以"为利"还是"为义"作为区别小人与君子的价值取舍标准。荀子则认为任何人不可能不考虑个人利益，然而应该使个人利益的考虑服从道义原则的主导："义与利者，人之所两有也，虽尧、舜不能去民之欲利，然而能使其欲利不克其好义也。虽桀、纣亦不能去民之好义，然而能使其好义不胜其欲利也。故胜利者为治世，利克义者为乱世。"（《荀子·大略》）荀子认为处理义利关系的基本原则是"见利思义"。这与孔子的思想也是基本一致的，只不过他更承认人有好利之心这一基本事实。

到了汉代，董仲舒提出了"正其谊不谋其利，明其道不计其功"（《汉书·董仲舒传》）的著名命题，以尚义反利的观点片面发展了先秦儒家的重义轻利的价值观。所以，后来清初的启蒙学者颜元针锋相对地提出"正其谊以谋其利，明其道而计其功"（《四书正误》）的相反命题。他认为"义中之利君子所贵也"，主张要把"义与利"相互结合起来。可见，颜元在古代思想史上第一次对董仲舒以来的道义论价值观做了可贵的纠正。

当然，在义利统一问题上，中国传统文化由于正统儒家思想一直占主导地位，所以重义轻利甚至是尚义反利的思想一直是一个道统。这一道统一方面维持了中国古代社会的稳定和延续，塑造了中国人以道义为上，重气节、重人格的民族性格；另一方面，也有乐抑人的物质欲望，扭曲人性的弊端。对于中国传统价值观中的这一"义利合一"的传统，无疑又是我们今天所应该发展传承的。

（六）以直观意象为基本的思维方式

与西方文化传统中比较强调逻辑推理的思维方式不同，中国传统文化在思维方式上以直观意象为主。这是一种通过直观、直觉来直接体悟和把握对象的思维方式。这种思维首先是直观和直觉的，儒、释（佛）、道三家的认识论都带有这一思维的特点，最典型的表现就是充分体现儒、释（佛）、道三家合一的理学思维。宋明理学家把"大极""天理"作为包容了宇宙人生一切真理的本体存在。但对这个本体的认识，他们认为只有通过直觉顿悟才能实现。只不过以来黑为代表的理学派强调"格物致知""即物穷理"（《大学章切·补传》），把经验知识的积累作为顿悟的必要条件，最后通过顿悟而"豁然贯通。由渐而悟，完成心理合一、天人合一的整体认识。与朱乡不同。以陆九渊、王阳明为代表的心学派则主张当下参悟，明心见性，"立其大者""点铁成金"。

张岱年先生曾指出过这一点："中国哲学只重生活上的实证，或内心之神秘的具证，而不注重逻辑的论证。体验之久，忽有所悟，以前许多疑难瞬时消释，日常的经验乃得到贯通，如此即是有所得。中国思想家的习惯，即直接写出此悟所得，而不更仔细证明之。可见，与讲究分析、注重普遍、偏于抽象的西方传统思维方式不同，中国的直觉思维更着重于从特殊、具体的直观领悟中去把握真理。这一思维方式固然有其偏重感性的缺陷，但是它超越概念的抽象性、不拘于逻辑，却是一种创造性思维、显示出中国人在思维过程中活泼不滞、长于悟性的高度智慧。

中国传统文化中所体现的达一思维方式又是意象的。这种意象性源于直观与直觉。比如在《周易》里，我们就可以看到这种极具中国特色的思维模式。《周易》中由阴阳、八封、六十四势和三百六十四又组成的卦象，就充分显示着意象思维。它由象数符号表现整体意义，如泰卦的象是地在上，天在下。但实际上应当天在上，地在下。这一封象就象征着天和地的交感变化，所以是吉势，预示着事物发展有前途。否（舅）封则与此相反，天和地没有交感，它预示事物发展没有前途，因此是凶封。

中国传统的文学艺术则更注重意象的浑融一体，强调只有发现和形成了意象之后的创作，才能达到独特意境。事实上，中国艺术就是营造意象的艺术。比如中国画就强调"意在笔先，画尽意在"，中国画小所要描绘的，与其说是客观对象，不如说是主观的意义和象征。中国书法艺术更是意象艺术，书法美是意象美，即所谓书为心画，是有意味的形式与象征。同样，中国古代的诗歌不同于西方偏于表现情节，而是借象寓意，借景抒情、情景交碰，追求意和象、意和境的融通，比如，"昔我往矣，杨柳依依；今我来思，雨雪霏霏"。从中国最古老的诗歌总集《诗经》就开始的这一对意象的追求与营造，显示出中国传统文学所持有的韵致和意境。

独特的思维方式使中国传统的文学艺术不同于西方文学艺术偏于再现、摹仿、写实，追求美与真的统一，而是偏重象征、表现、写意，追求美与善的统一。正是在这一特有的文学艺术传统的规范与熏陶下，中国古代的艺术家创做了大量绚丽多彩、意境深远的艺术作品。

第二章 高校创新教育内容分析

第一节 大学生的创新素质与创新精神培养

一、大学生创新素质的培养

改革开放以来，我国社会主义现代化建设取得了举世瞩目的伟大成就，但创新能力不足制约着我国经济社会的发展和国家安全。为了抓住机遇、迎接挑战，我国比以往任何时候都更加需要依靠创新去推动经济社会更好更快地发展，建设创新型国家成为我国有效应对未来国际竞争的重大战略选择。在这种背景下，2005 年，国务院发布的《国家中长期科学和技术发展规划纲要（2006—2020 年）》提出，我国的目标是到 2020 年进入创新型国家行列。创新型国家的建设，要求素质教育必须进入一个新的阶段，即培养高素质创新型人才的阶段。高等学校是培养人才的重要基地，如何培养和提高大学生的创新素质，是时代给我们提出的新问题和新要求。面对这样的新要求，我们一方面要从思想上认识它的重要性，另一方面更要找到正确的方法来培养大学生的创新素质。

（一）创新与创新素质的内涵

创新是为满足新的要求或需要而在某一领域应用并取得成功的一种新的、原创的物质成果或精神成果，具体体现为新的产品、服务、工艺、技术、设计、想法或思想等。创新是人类特有的认识能力和实践能力，是人类主观能动性的高级表现形式，江泽民同志曾说"创新是一个民族进步的灵魂，是一个国家兴旺发达的不竭动力"。

创新素质是指人在先天遗传素质基础上，后天通过环境影响和教育所获得的稳定的在创新活动中具备的心智特征。它是创新活动的内在动力机制，包括创新精神、创新意识、创新人格和创新能力等。创新精神是指推崇创新、追求创新、以创新为荣的精神；创新意识是指求新求变、精益求精的意识，具有这种意识的人不安于现状、善于发现和提出问题；创新人格是指具有强烈的好奇心、求知欲，具有钻研探索的内在动力和坚强意志，具有敢于尝试、敢于失败、敢于怀疑和批判的科学精神；创新能力是指具有丰富而扎实的基础知识、广阔的视野，以及较强的获取知识与运用知识的能力，善于开拓新领域的能力，尤其具备良好的创造技能，包括科学研究能力和实际操作能力，以及创新成果的表达能力、表现能力和物化能力。创新素质较高的人具有敏锐的洞察力、丰富的想象力和积极捕捉机会的能力，善于打破常规、突破传统、推陈出新。

（二）培养大学生创新素质的重要意义

素质教育是一种以提高受教育者各方面素质为目标的教育模式，这些素质包括思想道德素质、科学文化素质、身心素质、审美素质、劳动技能素质以及创新素质和实践能力等。培养创新素质是素质教育的一个重要方面，是以培养学生的创新精神、创新意识、创新人格和创新能力为目标的教育活动。大学生在接受了有助于创新素质养成的教育之后，能够在学习和工作中表现出更强的创造力，能够对事物有更深入和独到的见解，也往往有更新颖更有效的处理问题的方法。同时，建设创新型国家需要大批勇于创新、善于创新的高素质人才。因此，旨在培养和提高创新素质的教学活动在当今大学教育中显得十分重要。高等学校肩负着培养创新人才的重任，只有认清形势、高度重视，科学地改革教学理念、教学方法和教学内容，营造有利氛围，才能培养出具有良好素质的创新型人才。

（三）培养大学生创新素质的方式方法

大学生接受创新素质教育，对其日后走向社会、走向工作岗位大有益处。为此，高等学校应优化课程体系、改革教学模式，以利于促进大学生创新素质的提升。而在培养创新素质的过程中，必须同时利用好理论和实践两大教学环节，用理论教学为创新素质的形成打下基础，用实践教学来检验创新素质。

1. 改革课程体系与教学理念

在优化课程体系的过程中，要把培养学生的创新意识和创新能力放在重要位置。加大跨学科课程的比例，以适应宽口径的要求；加大选修课的比例，以完善学生的知识结构，促进个性发展；加大实践教学的比例，为培养创新能力创造条件；有条件的高校要开设创新教育课程，以激发大学生的创新潜力；定期对社会、企业进行调查，根据市场的需要及时把新知识新课程引入课堂，从而强化基础、拓宽知识范围，为创新素质的培养提供条件。

要勇于精简或删除那些不适应社会经济发展现实情况或需要的教学内容与课程，把那些反映当今世界最新研究成果的内容和与现实情况相一致的内容及时充实到课程中，把新颖、前沿和实用的知识及时引入教学实践中，设置适应时代发展需要的课程，处理好教材相对稳定与内容充实更新的关系，努力做到把最有价值的知识在有限的时间内传授给学生，提高教学效率和教学质量。

要满足培养高素质创新型人才的要求，必须在教学理念上实现两个转变：一是要从单向的传授知识向培养学生学会自主学习和创造转变。积极实行启发式和讨论式教学，激发学生独立思考和创新的意识。要让学生感受、理解知识产生和发展的过程，强调发现问题、分析问题、解决问题的方法，培养学生的探索精神和创新思维习惯，重视培养学生收集处理信息的能力、获取新知识的能力和检索文献资料的能力。在教学考核方面，在适度衡量学生掌握知识的数量和精度的基础上，更加注重从创新能力的提高上衡量教学质量。二是要从以教师为中心转变为以学生为中心。在教学中要充分发挥学生的主体地位与作用，使学生积极主动地参与学习，从而培养其创新意识。要发挥学生的中心作用，必须特别鼓励学生的个性发展，给每个学生个性发展营造宽松的环境。没有个性，也就没有创新。为此，在教学管理上，要正确认识和处理统一要求与个性发展的关系，变硬性管理为弹性管理，使原则性与灵活性有机结合、一致性与多样性有机结合。

2. 在理论教学中培养大学生的创新素质

大学生创新素质的培养是个系统工程，有赖于把创新素质教育的理念和做法落实到每门课程中，落实到每一个教学环节和每一堂课。理论教学是培养大学生创新素质的基础环节，只有选择了恰当的教学内容、营造了适宜的学习情境和良好的创新发展空间，理论教学才能生动新颖，学生才愿意积极地参与学习活动，才能在教师的引导下形成创新思维。例如，对于国际经济与贸易专业的教学，在当前国际贸易电子商务化的趋势下，应顺应潮流，及时改革更新教学内容，调整课程体系，开设国际电子商务、网络营销、网站运营与管理、电子商务外贸实训等课程，部分课程可以采用实务企业编写的应用性较强的教材，如《阿里巴巴电子商务初级认证教程（国际贸易方向）》等，要给学生介绍并让其掌握几个常用的外贸电子商务平台（如 eBay、阿里巴巴、敦煌网、中国诚商网、中国制造网等）的操作方法。这样，既能让学生接触到最新最实用的外贸知识，又能引导其创新性地开展国际贸易业务实践。

在理论教学中，引入与理论知识相契合的特定场景或案例也十分重要。讲解案例或创造与实际情况相符的环境，能够引导学生将所学专业知识与实践相结合，诱导学生从单纯的知识继承向思维的模仿转变，使教学过程从知识被动学习过程转变为学生在教师指导下沿着知识发展轨迹的自主探索过程。例如，在给法律专业的学生讲解如何创新性地化解民事纠纷时，可以讲这样一个案例：牧区有两个牧民因为一只羊的归属争执不下，而羊身上也没有任何记号，于是双方找到法官，法官让他们先回去而把羊留下，第二天又把他们召集到自己家吃饭，备好了丰盛的酒菜，两位牧民不明就里，边吃边问"你为什么请我们吃饭，我们的羊呢，怎么解决啊"，法官微笑着指着桌上的炖羊肉说"就在这啊，这羊既不会说话，也没有任何记号，我们总不能因为一只羊用DNA鉴定吧，鉴定费会超过羊本身的价值，再说了，即使鉴定结果出来了，也会伤了你们的和气，邻里之间的和睦关系才是最重要的啊"，两位牧民都会心地笑了，法官用这种方法巧妙地解决了看似十分棘手的纠纷，又维护了双方的关系。通过在课程中引入这种含有创新性做法的案例，既能让枯燥的理论教学生动起来，又能启发学生今后在解决类似问题时权衡运用硬性制度与柔性情感的创新性思维和做法。

3. 在实践中发展大学生的创新素质

这里所说的实践，既包括实验教学、实习实训教学，也包括大学生参与的各种社会实践活动。通过实践学习，大学生能够运用自身具备的创新素质，随不同情境的变化展现自己的创新素质、锻炼自己的创新能力，培养起真正投身社会时所需要具备的能力和素质。

（1）通过实验教学培养大学生的创新素质

实验教学对提高大学生的实际操作能力、培养学生的创新能力有十分重要的作用。高等学校应加强实验教学，加大实验室建设的投入力度，扩大实验室开放的范围、内容和覆盖面，提高实验室利用率，增加实验学时，在完成基础性实验、验证性实验的同时，增加有助于大学生创新能力提高的设计性实验和综合性实验。设计性实验是指给定实验目的、要求和实验条件，由学生自行设计实验方案并加以实现的实验；综合性实验是指实验内容涉及本课程的综合知识或与本课程相关课程知识的实验。

（2）通过社会实践发挥大学生的创新素质

在社会实践中寻找课堂教学的情境，从而快速地发挥学生的创新能力，这是一条捷径。可以想象，学生经过课堂学习，已经掌握了处理一般问题的方法，但实践中会有更多未曾经历的问题。那么，寻找二者之间的联系，运用自身处理问题的创新素质，将有利于迅速地解决问题。例如，法律专业的学生在进行青年志愿者"三下乡"普法活动时，能接触到一些复杂的民事案件，这是在书本中和模拟法庭上难以看到的。这时就需要学生独立地运用所学知识，按照具体问题具体分析的原则，给出在法律规定范围内正确的处理意见。这样的活动能够最大化地展现并提高他们的创新素质，从而达到课堂教学难以达到的效果。

总之，未来中国的进步与发展需要大量的具有较高创新素质和能力的人才，高等学校任重而道远，高校教育工作者应积极投身培养创新型人才的实践，为创新型国家的建设目标和"中国梦"宏伟蓝图的实现而贡献自己的聪明才智。

二、大学生的创新精神培养

创新精神是以实践为基础的改变客观事物的一种积极进取的态度，是创新意识与创新人格的叠加，它既包含着创造的动力、情感和意志，也体现了人们对于个人与社会关系的认识和观念及由此形成的事业心和责任感。研究和培养大学生创新精神，是高校为国家培养出大批创新型人才的前提条件，是加强学科建设的内在动力，是深化教学改革的推动因素，是提高大学生综合素质的有效手段。

（一）创新精神的特点

1. 时代性

创新作为一种实践活动，属于历史范畴。人类社会的发展本质上就是一个不断创新的过程，社会每前进一步都要向人们提出自己的时代课题，人们的创新实践就是在解决这些时代课题中进行的。因而这些创新实践所反映出来的创新精神也就具有了与时共进的品格。这种品格在历史转折关头表现得尤为明显。今天，高举邓小平理论伟大旗帜，开创社会主义事业新局面，已经成为摆在中国人民面前的一个重大课题，它强烈地要求人们积极进取、开拓创新，推动我国社会主义事业的不断发展。因此可以说，创新精神是时代发展的内在要求，是一种时代精神的具体表达。

2. 层次性

创新精神不但存在有与无的分界，而且有着强与弱的差别，也体现为一定的层次性特点。这一方面源于创新概念本身的层次性：发明、创造是创新，更新、改进也是创新，即便是归纳、综合也可称为一种创新。显然，这些创新实践所反映出来的创新精神其程度是有所不同的，是有着层次上的区别的。另一方面，由于人们心理品质以及所处工作环境的不同，其创新精神也有强弱之分。一般而言，思想活跃的人，容易接受新鲜事物，创新精神较强，而思想刻板的人则相反；处于创新氛围较为浓厚的单位，人的创新精神就比较强；而在一个人们思想普遍保守的工作单位，人的创新精神则难以张扬。

3. 群众性

马克思主义认为，社会历史是人民群众的历史，人民群众是历史的创造者，是推动历史的真正动力。恩格斯曾经指出："如果要去探究那些隐藏在——自觉地或不自觉地，而且往往是不自觉地——历史人物的动机背后并且构成历史的真正的最后动力的动力，那么应当注意的，与其说是个别人物、即使是非常杰出的人物的动机，不如说是使广大群众、使整个阶级行动起来的动机；而且也不是短暂的爆发和转瞬即逝的火光，而是持久的、引起伟大历史变迁的行动。"正因为人民群众是物质财富和精神财富的源泉，是社会变革的决定力量，所以创新就是一种群众性的实践活动，创新精神也是群众所普遍具有的精神。

4. 稳定性

前科技部部长朱丽兰曾经指出："创新在某种程度上是一种文化，是一种观念。"文化与观念发展变化的内在机理决定了创新精神虽然从总体上受制于一定的物质基础，但它一旦生成，就会保持一种相对稳定的独立状态，具有了自身发展的内在逻辑。改革开放之初，邓小平"解放思想、实事求是"的伟大号召一夜之间所唤醒的十亿人民的改革热情，正是"五四运动"以来中国人民积极要求变革旧社会、创建美好世界的民族精神。这种精神在"文化大革命"期间曾一度遭到林彪、四人帮的扼制，但它并没有被扼杀，而是以一种文化形式保存下来，所以当改革的春风吹遍大江南北的时候，这种精神就很容易地被激活，化为全国人民改革创新、建设社会主义的巨大动力。

（二）创新精神的培养

1. 教育策略

教育策略即通过深入教育，帮助大学生树立远大的理想、坚定的民族意识、自主创新的责任感。创新精神的激励可以使创新活动获得强大的内在动力，而强烈的社会责任感是激励创新动机的关键。中华民族历史源远流长，文化博大精深，中国人民勤劳智慧，创造了五千年的文明史，为人类社会的发展史写下了浓重而又精彩的一笔。每个炎黄子孙都会感到无比的骄傲。改革开放以来，尤其是近十年来，随着国门的日益开敞，西方的观念、意识在当代青年人的头脑中产生很大的影响，对民族的传统观念和文化已经构成严峻的挑战。基于这样的现状，高校应当加强思想政治教育"三进"的进度，尤其要加大思想政治教育在学生创新精神"入脑""入行"的服务保证作用，其中"入脑"是基础，"入行"是根本，是落脚点和归宿，如果二者脱节，就不可有思想政治教育的任务。一是要注重理想信念民族责任意识教育，引导大学生树立正确的人生观、世界观、价值观。二是要加强艰苦奋斗教育，培养大学生不惧风险、坚韧不拔、越挫越勇的探索精神。三是要改革创新理论教育方法，提高思想政治工作转化进度。

2. 主体策略

躬行实践、知行结合，注重培养创新意识与创新实践。主体策略就是改革"以教定学，学生配合教师的教，教师是创新的主宰，学生为旁观者"的做法，让学生成为创新的主体，在教师的指导下主动践行创新精神，激发创新动机，优化创新情感，参与创新实践，进行创新训练，真正成为创新实践的主体。一是要激发创新动机。创新兴趣不仅可以引发我们的意志动力，还可以使智力积极活跃起来，从中培养兴趣。二是要坚定创新信念。信念是人生的精神支柱，失去了信念的支撑，人们就会萌生出强烈的自卑情结，人的创新精神也因此而难以生发。三是要参与创新实践。"一语不能践，万卷徒空虚"，观念变行动、知行统一是大学生践行创新精神的重要标志。四是要强化创新训练。学生对专业知识要拥有自己的独特见解，必须积极进行问题意识、创新思维和创新技能训练。要创新思维的训练，坚持反向思维法、换位思考法、中观思维法的训练。

3. 引领策略

引领策略，是指通过积极优化人才培养方案、创新教学方法、改革创新模式、改进人才评价体系，提高教学效果，使学生成为现代社会所需的富有创新精神和创新能力的社会主义事业建设者。一是要力求实现由"单一的说教"式教学模式到"案例式和情境"式教学模式转换，激发学生主动学习探索的欲望。二是要力求实现由"占有"的教学模式到"理解"的教学模式转换，给学生以结论权。三是要力求实现由"单一"的教学模式到"多元"的教学模式转换，让学生更好地利用课堂教学资源。四是要力求实现由"专制置入"的教学模式向"民主对话"的教学模式转换，拉近师生心理距离。五是要力求实现由"一把钥匙开一把锁"向"多把钥匙开一把锁"的教学方式转变，给学生留有问题意识的空间。六是要力求实现由"高分低能型"向"素质全面型"教学评价模式转变，促进学生积极开展创新活动。

4. 环境策略

环境策略，就是通过营造一个能保护学生好奇心和自信心的包括支持、激励、肯定、接纳等成分的，把每个学生所具有的潜在创新精神唤醒并转化为现实创新力，从多方面构建一个有利于形成创新精神的积极氛围。良好的环境有利于人们创造活动及创造力的开发，培养学生的创新能力也需要一个环境，这个环境应该是包括人文环境、科研环境、学术环境、实践环境、制度环境等分支系统。一是要营造人文环境。人文环境是高校精神、高校传统、高校作风的综合体现，是一种特殊的高校文化，它是培养学生创新能力的基础。二是要营造科研环境。高校的科研环境主要包括教学科研和教改科研。创新问题是一个社会问题。创新精神产生于一定的社会条件中，它由意识转化为实践需要的社会条件的支持。创新精神的形成、发展和稳定需要一定的社会环境条件的支持。就社会而言，创新意味着一种氛围、一种价值认同、一种体制、一种文化。作为学生而言，要增强自主创新的社会责任感，躬行实践，知行合一，既要继承历史文化，又要创新提出新的观点，开创新的学术领域，又要强化问题意识、创新思维、创新技能训练，再次要强化实践，塑造健全的创新人格，树立敢面对挫折和失败的开拓精神，在创新实践中提高动手操作能力。

第二节　大学生的创新思维能力与实践能力培养

一、大学生创新思维能力的培养

（一）什么是创新思维能力

"创新"最早是由 J.A. 熊彼特在 1912 年出版的《经济发展理论》一书中作为一个经济学的概念提出来的，意指"企业家对生产要素实行新的结合"。从古至今，社会之所以发展、人类之所以进步，都是因为"创新"的存在。创新就是在原有的基础上发展和衍生出另一个时代，是社会前进的必不可少的条件。而创新思维是创新能力的核心，俗话说"思路决定出路"，没有创新的思维，便想不出创新的方法，没有创新的方法，就不能有创新的活动，也就没有创新的成果。

创新思维是相对于传统思想而言的，创新思维是指在探索未知时，积极地以独特新颖的方式和多向的角度，促使思维转化去寻获成果的一种思维。创新思维是需要经过有意识地培养和专门训练并能在培养和训练中优化的思维。

创新思维能力就是将思维赋予创新性，并且付诸行动的能力。如果说创新思维是社会发展的原料，那么创新思维能力就是容纳所有创新思维的转化炉，它将所有创新思维注入生命力，成为社会生活中真正存在的事物，它是一种将思维转化成实践的能力。

（二）创新思维能力的社会需求

据调查显示，近几年来大学生就业困难严重。造成这种现象，其中的缘由固然是复杂的，从表面上看，这主要是因为大学所培养的人才不能很好地适应社会的变迁和满足社会长远的需要，造成人才的相对过剩和就业困难。但是如果我们深究其根，从大学教育的角度分析，不难得出，这主要是过弱的文化陶冶、过窄的专业教育、过重的功利导向和过强的共性制约所造成的，而创新意识和创新能力培养的缺乏恰恰是它的突出表现。为了改变这一教育现状，很多学校开始鼓励学生进行创新，他们告诉学生"什么是创新"却没有说明"如何去创新""创新在哪里"。确实，创新不是一句响亮的口号，对于大学生来说，授予其创新的内涵和价值，不如培养其创新思维能力。

面对现在的社会情况，有人就调侃说："这个社会最缺什么？人才。这个社会最不缺什么？人才。"每年不断增加的困难就业大学生人数其实并不是在警示着高校扩招的危险，而是在呼喊着创新人才的匮乏，只有创新才有发展，有了发展那些所谓专业内的精英人才才有一展身手的地方。

（三）大学生的创新思维能力培养的内涵

创新思维的培养，首先需要有合理的知识结构。没有广博精深的知识储备，知识和技术的创新就成了无源之水、无本之木。其次要掌握科学的思维方法。从思维学观点来看，思维的主要形式有概念、判断和推理；思维的主要方法有分析与综合、比较与归类、抽象与概括、归纳与演绎、系统化与具体化。再次要培养独立思维的习惯。创新是从产生问题开始的，思维也是从产生问题开始的。对于创新型人才来说，应该养成独立思考、积极思考的习惯，这才有助于人们发现问题、提出问题、走上创新之路。最后，要发展全面思维的品质。对创新型人才而言，最具重要性的是思维的全面性，即要在基本品质的基础上，发展创新型人才的全面思维品质，这样才能在创新过程中，全面观察问题、分析问题、解决问题。

（四）如何培养大学生的创新思维能力

从一般意义上来审视，创新人才不仅是全面发展的人才，还是充分发展的人才，更是在此基础上不断对社会物质文明和精神文明做出较大的贡献的人才。因此，必须从高校的实际出发，采取切实可行的措施，实施创新思维的培育，有力、有效地推动创新人才的培养。那么具体措施有哪些呢？

1. 强化创新意识教育

良好的创新意识，不仅能够增加对新鲜事物的捕捉能力，而且可以有效激发创新思维能力。加强创新意识教育，是从思想上让学生养成一个创新意识的习惯，能够进一步培养学生的思维能力，让学生突破自我，敢于发现和创造新的事物。

2. 加强创新思维力

着重激发培养大学生的创新思维，从身边的事物观察起，从小到大，将思维发散，从而提升学生的抽象思维能力和形象思维能力。

3. 培养创新能力

创新能力说到底就是把现有的知识转变形式成为一种新的概念，因此对于创新来说，累积的知识就是创新最好的原料。创新能力应体现在对周围事物的理解能力、应变能力和对未来知识的驾驭能力上。

创新思维能力是现在社会缺少的人才标准，对大学生来说，最重要的素质是创造性地应对多元的、不断变化着的环境的能力。社会的发展、人才的成长，客观现实要求学校必须创新人才培养模式，开设创新思维课程，采用科学有效的教育方法和手段，去最大限度地开启挖掘大学生的创新思想、创新能力、创新人格和创新精神，以实现培养和造就人才的目的。

二、大学生实践能力的培养

在经济社会快速发展的当今时代，为培养适应经济社会发展需要的工程技术人才，许多高校通过组织大学生参加社会实践，对其进行创新能力、实践能力和创业精神等方面的培养。在社会各界的大力支持下，高校大学生社会实践工作虽然取得了许多成功的经验和显著的成效，但也存在一些亟待解决的问题。譬如，实践基地及教学条件难以满足社会实践教学需要，学生参加社会实践的主动性、积极性不高等。随着教育教学改革的深入开展，尤其以互联网为代表的新兴媒体已深度融入人们的工作和生活，这就需要不断创新大学生社会实践的内容及形式，发挥其能力培养的教育功能。提高大学生的实践能力，应包括转变师生的传统观念，创造多样化的实践活动环境，采取有针对性的教学模式及创建多元的实践共同体等策略。

（一）大学生社会实践存在的问题与不足

毋庸置疑，开展社会实践可以培养大学生的实践能力和综合素质。面对信息社会的新任务、新情况，高校大学生社会实践还存在诸多问题，需要客观地认识、分析，并采取有效措施，不断创新社会实践的途径与方法，才能保障、提升实践教育的质量与水平。

1. 对大学生参加社会实践的认识不足，影响实践活动的有效开展

组织大学生参加社会实践是一个不可或缺的能力培养环节，对培养适应经济社会发展需要的专业技术人才有着重要的意义和难以替代的价值。然而，目前对大学生参加社会实践活动的重要性与社会认可度不尽相同。受许多客观因素的影响，高校和社会对开展社会实践的重视程度仍然不够。高校尽管制定了一系列组织实施的章程、办法，但在开展社会实践时所投入的活动经费较少，执行力也比较弱。对于承接社会实践任务的企业单位而言，由于以市场经济机制为主体的企业运行体制，高校之外的其他社会部门或主体对其没有义务，也没有责任承担高校人才培养的任务，导致大学生社会实践的组织安排比较被动，部分承接单位或企业甚至视其为一种额外负担。

另外，在高校内部的组织者与实践者对社会实践的认识不够一致。尽管认为社会实践对学生的全面成长有着不可替代的作用，但受许多客观性因素限制和主观障碍性因素的影响，大学生社会实践的重要意义并没有真正获得广大师生的广泛认可。对工科类本科生参加社会实践的一项调查显示：依赖学校（院）组织参加社会实践活动的学生数占 46.6%，由自己联系参加社会实践活动的仅为 15.4%；认为社会实践活动没有价值、对社会实践活动不感兴趣的学生占 10.3%，只有 51.6% 的学生认为有必要参加社会实践。这表明，大学生本身参与社会实践活动的积极性和主动性并不是很高。这些问题均影响到社会实践的有效开展。

2. 社会实践环境、条件不够理想，难以满足实践能力培养的需要

社会实践是一种能力培养教育，需要相应的物质条件譬如实践教学基地作为支撑。社会实践中存在许多问题，影响了社会实践教育活动的有效开展。譬如，用于开展大学生社会实践基地的数量少、类型单一。为完成实践教育任务，只好将一些大学生社会实践活动安排在纪念日或者暑假期间进行。另外，由于一些企业资源条件限制，能够用于社会实践教育的场地、设备等比较匮乏，难以满足实践能力培养的需求。

3. 社会实践教育形式单一、内容脱离实际，难以实现能力培养的目标

社会实践活动形式单一、内容脱离实际是社会实践存在的又一严重弊端。许多大学生的社会实践只是组织一些社会调查、政策宣传、娱乐活动等粗放型活动，既没有考虑青年大学生的心理特点，按照专业特点、技术水平等来安排实践内容，又没有与专业科技创新等密切结合起来。学生参加社会实践多以参观、考察、访问等方式进行，不能直接参与各项生产经营活动，难以实现能力培养目标。

（二）创新大学生社会实践形式及内容

组织大学生参加社会实践培养实践能力、提高综合素质，需要探索一些有效途径和方法，使大学生社会实践步入科学规范的良性运行轨道。组织开展大学生社会实践既需要进一步提高思想认识，又需要不断创新社会实践形式和内容。

1. 根据企业用人需求，把大学生社会实践与经济社会建设需要相结合

当前，面对经济社会的快速发展，教育工作者应积极转变观念。现代社会对人才的需求已不仅仅停留在专业理论知识的掌握，而要求具备从事某种社会职业岗位的工作能力和素质。社会实践恰恰能够使大学生尝试从学生角色向劳动者角色转换，是一个从学习成长性实践向劳动创造性实践过渡与转换的初始化过程。因此，应针对经济社会发展对人才的基本要求，制定人才培养目标，编制教学计划，科学合理地设置专业课程和实践课程。实践课程课时应占到教学计划学时的 35% 左右，并将社会实践的内容与企业人

才岗位能力需求密切结合起来。其中，重要采取多种措施，加强校内、外实习实训基地建设，以培养学生的工程实践能力。在校外实训实习基地建设中，结合专业特点、生产实际及科学技术的发展，合理规划、布点，选择具有科技研发、技术改造创新条件较好的企业，建设一批校外实习实践基地。在校内实践基地建设中，重点建设一批高水平的综合性、开放式的专业实训基地。例如，高校与具有专业背景的企业建设一系列创新创业实验室、创业沙盘模拟基地、校企合作项目等，对学生开展社会实践，把所学的专业理论知识转化为实践能力。

同时，大学生社会实践应注重不断更新实践形式，注意实践内容与地方经济发展相联系，注意实践成果为地方中小企业带来效益，让承接单位从接受社会实践的任务中获得收益，以调动企业参与社会实践教育的积极性。

2. 深化专业理论知识学习，把大学生社会实践与专业教学相结合

实践教学是人才培养过程中的重要组成部分，是培养学生实际操作能力和创新意识的有效手段。应该认识到社会实践活动是课堂教学活动的补充和延伸。一次好的社会实践活动可以为学生提供一次良好的实习机会，提供一个了解、熟悉社会的渠道，有助于将校园理论知识与社会实际联系起来。因此，应树立起社会实践也是一种实践教学的思想认识，将社会实践纳入实践教学的范畴进行管理，建立一套完整的社会实践教学培养体系。社会实践应具有专业针对性，结合不同专业和年级特点进行合理安排，通过"学习—实践—学习"的良性机制，让学生把所学专业知识应用到社会实践中。大学生社会实践与专业教学紧密结合的方式多种多样，以下几种方式可供借鉴：

（1）以实践单位科技开发项目为载体，真题实做

通过承接社会实践单位委托的科技开发项目，实施大学生社会实践项目真题实做。社会实践承接单位的开发项目是真刀真枪的科技开发、工程设计，必须按时、按质、按量完成，可安排高年级学生或者通过项目招标的方式实施。这类实践教学活动需要在老师协调指导、企业监督下完成。真题实做的开发项目会使学生明显感到来自各方面的压力，如完成时间、工期、技术人员的提问质疑等。这不但给学生创造了很多体验机会，还培养了他们的创新能力。

（2）以实践单位科技开发项目为依托，真题陪做

实践单位所承担的一些科技开发、技术攻关项目，技术含量较高，一般是由企业自己的职业工程师、技术人员来完成的。对于在校大学生来说，要完成一个实际项目开发是比较困难的，可通过指定工程师作为导师，由若干名同学参与实践，按照真题陪做的方式组织实施。如组织安排学生参与调研考察，参与讨论构思工程设计草图、草案，让学生在工程师的带领下参与整个工程设计的全过程或某个环节。通过这类实践活动，让学生体验工程设计的全过程，以加强、深化对课堂知识的理解与动手能力的培养。

（3）以实践单位科技开发项目为示例，自拟课题真做

高校专业教师具有较强的科研实力，一般建设有科技创新基地或实验室。请专业老师针对企业科技开发项目，自拟一些与专业密切相关的科技课题，组织学生在校内实践基地、创新实验室进行有目标、有限定条件的工程设计实践。学生在学校提供的科技创新基地中开展实践制作，而后由企业的负责人，或工程师协同专业教师共同进行评价。这类实践能力训练的压力尽管稍小，但在真做中亦能使大学生建立自信，积累实践经验、增强专业能力。

3. 恰当运用网络技术空间，把大学生社会实践与网络交往、娱乐相结合

互联网的诞生和普及应用，已经改变或正在改变着人际关系和人际交往的社会形态，进而影响着人际交往行为方式。网络环境为创新社会实践形式提供了充分的实践条件和信息资源。网络的开放性为人们表达自己对某些问题的见解和认识提供了多种途径，如论坛、电子邮件、博客、聚合新闻、微博、微信等。在网络交往中，每个人都是自由而平等的。这种状况对思想政治教育来说，既是一种挑战，又是一种机遇。网络已经成为大学生学习的一种新课堂。把大学生社会实践与基于网络环境的行为交往有机结合起来，在社会实践过程中通过网络进行讨论与交流，利用各种网络工具，提升教育的亲和力和感染力，有利于提供个性化的服务和指导，能够解决大学生在学习、工作、生活中遇到的问题及困难。例如，从学生思想、学习、身心特点等实际出发，引导大学生社会实践由以社会调查、政策宣传等为主转向结合专业特点科学实施，以发挥科技文化成果和智力资源的优势。也可以编制开发一些游戏软件、仿真实验工具，让学生在快乐、轻松的网络虚拟实践中受到实践教育、技术训练。例如，将大学生社会实践活动的内容与社会热点、就业择业、科技创新等密切结合起来，通过网络论坛、微信、微博等方式，让学生参与社会实践，接触社会，使其全方位深切地感受到社会实践与自身成长的密切关系，缩短其从自由人向社会人过渡的磨合期。

开展网络社会实践势在必行。利用互联网拥有的海量资源优势，将社会实践活动与计算机网络、云计算等新技术有机结合起来，把大学生社会实践与网络交往、娱乐活动有机结合起来，有利于将传统单一形式的社会实践转变为有组织和自发、日常与假期、分散与集中、校内与校外、点与面等多种形式并存的实施方式。当然，如何开展网络社会实践，评价网络社会实践的效果，不断扩大网络社会实践平台的影响力和号召力，将成为大学生社会实践面临的新课题。

组织开展大学生参加社会实践是培养适应经济社会建设发展所需人才的重要教育环节。从目前社会实践的现状来看，为提高大学生社会实践活动质量，需要创新大学生参与社会实践活动的途径与方法。在加强大学生社会实践研究的同时，必须与时俱进，根据企业使用人才的需求，把大学生社会实践与经济社会建设需要结合起来；深化专业理论知识学习，把大学生社会实践与专业教学结合起来；恰当运用网络技术空间，把大学生社会实践与网络交往、娱乐结合起来。社会实践应客观反映大学生成才的内在需要，不断创新社会实践的形式与内容，赋予大学生社会实践新活力，不断促进大学生的健康成长。

三、"互联网+"时代大学生创新创业教育新模式的分析

（一）"互联网+"对大学生创新创业发展的影响

1. 增加了创业机会

我国自互联网技术发展以来，已经有越来越多的自主创业成功案例出现，如马云、丁磊等，他们的成功创业案例给大学生带来了创业动力，成功提升了大学生的自主创业积极性和创业热情。我国非常支持大学生自主创业行为，先后出台了各种优惠政策来扶持大学生创业，同时为大学生自主创业建立了良好的市场环境，"互联网+"概念的出现能够把社会当中不同的产业类型和不同的企业紧密地联系在一起，在社会各项产业当中应用互联网信息技术能够有效提升人们的生活和工作水平。例如在互联网上进行购物，于是出现了淘宝等网购平台；在互联网上购买美食，于是成就了美团、饿了么等美食平台，可见这种互联网融入式企业类型已经创新了大学生的自主创业空间，给大学生提供了更多的选择和条件。

2. 优化创业结构

"互联网+"融合了社会中的各个产业，对于大学生来说，产业的融合发展形势代表大学生创业模式不再拘泥于传统的投资和收入创业模式，而是能够随着"互联网+"时代的发展，逐渐发展成为新的更加科技化、人性化、智能化和便捷化的自主创业企业结构模式。随着我国科学技术的不断创新发展，创新创业发展方向逐渐朝着新能源和信息技术发展，成为新的社会经济增长点，这样的发展趋势优化了大学生的创新创业结构。

3. 提升创业成功率

"互联网+"背景下，"云概念"逐渐被提出和发展开来，成为新的数据载体，能够帮助大学生在创业中提出更多的"互联网+"模式。通过观察可知，传统的大学生在创业过程中容易出现信息不对称问题，也就是说大学生在自主创业过程中，对于创业产生的成效评估还有创新点把握不够明确，跟实际的社会需求有一定的差距，导致出现创业失败现象。随着"互联网+""云概念"的出现，能够帮助实现协调监督和联系对接的作用，把有关大学生创新创业需要的各种信息放置在云上，能够随时调整和配置资源信息，增加了大学生创新创业的成功概率。

（二）大学生创新创业能力培养现存问题

1. 创业意识薄弱

随着社会的不断发展和科技的不断进步，高校大学生更应该具备创新创业意识，跟上社会科学技术的创新速度，跟上社会经济的发展步伐，能够大胆地进行创业发展。在调查目前我国大学中即将毕业的学生的过程中，发现其实我国很多大学生对于自主创业都存在错误的认识和观念，认为创业就是要开公司、办企业，在一开始就给自己很大的压力，因

此对于自主创业选择了遇难而避的态度。同时大学生们容易安于现状，在进入社会创业方面比较被动，家长也不断地给孩子灌输工作平稳的重要性，导致越来越多的大学生安于现状、不思创新。

2. 缺少系统化的创业教育

我国大部分的高校都采取了理论化教学模式，评价学生的学习质量都是依靠考试成绩来进行，严重脱离了社会创新发展实际要求，没有形成完善科学的创新创业教育体系，很多在高校中进行教学的教师自身本来就不具备创业实践经历，自然也就无法通过自身教育来提升学生的自主创业观念，因此高校目前的师资配置不利于大学生创新创业能力的培养。大部分高校目前都没有设置创新创业能力培养的相关课程，创业相关的内容基本都属于选修课程。

3. 创新创业政策不到位

由于我国政府部门对于大学生的优惠政策出台相对较少，大部分的优惠政策都是针对事、物进行优惠的，针对高校当中大学生的创新创业技术人才培养优惠政策比较少，这也是导致目前大学生缺少创新创业发展观念的主要原因。国家在创新创业方面，存在融资监管不到位的现象，一部分社会当中的金融机构并不能真正地为社会中的自主创业大学生提供资金支持，创业人群在发展过程中遇到资金短缺问题，影响了创业质量。

（三）"互联网+"时代大学生创新创业教育新模式的构建方法

1. 优化创新创业教育的教学理念

在"互联网+"时代背景下，各高校要加大对学生创新创业教育工作的重视，培养学生的互联网思维。这就要求各高校在校园内扩大创新创业教育的宣传力度，引起在校教师与学生对创新创业的注意。为使教师与学生充分意识到创新创业教育的重要性，可以定期组织师生参与创新创业教育培训讲座，在校内的宣传栏中张贴与创新创业教育相关的宣传海报，还可以在校园中寻找先进典型，使其充分发挥榜样带头作用。这样可以转变教师对创新创业教育的片面认识，使其能够优化教学方案，活跃课堂气氛，令学生更好地学习互联网创新创业理念。值得注意的是，对创新创业进行宣传，需要以学生为主体，根据学生的实际特点，采取针对性的宣传方法，培养学生自主学习的良好习惯。除此之外，各高校还应安排专业人员，负责贯彻落实国家下发的创新创业教育纲领文件的工作，加强院系各部门之间的沟通与联系，在全校范围内宣传创新创业精神的文件精神，发挥文件的指导作用。

2. 采用线上线下相结合的教学方法

教师在日常教学的过程中，要发散学生的思维，锻炼学生的动手能力。高校对学生进行线上教学时，需要充分了解每一名学生的个性特点，对学生进行划分，便于教师采用针对性的教学方法，对学生加以指导，丰富教学内容。因为线上教育不需要具体的场地与设备，对时间也没有限制，如果令创新创业教育具备选择性，便会大大提高学生的学习兴趣，使其更好地吸收创新创业教育知识。

3. 构建新型教育模式

创新创业教育的教学对象是自主学习能力较强的大学生群体，在"互联网+"时代，传统的教学模式已无法满足实际的教学需求，因此，各高校要充分利用"互联网+"时代下的教学资源，将教学的素材、内容及时上传到校园网络平台中，完善教育网络系统。除此之外，各高校还可以引进现代教学模式，在实际的教学工作中，教师还可以充分利用新媒体技术，在课堂教学中融入社会热点问题，把创新创业的优秀案例作为学习素材，令学生了解"互联网+"时代大学生创新创业教育对自身今后发展的重要意义。

4. 提升师资队伍的综合素质

能否顺利开展"互联网+"时代大学生创新创业教育工作，与师资队伍的综合素质有着密不可分的关系，因此，各高校有必要采取一系列办法提升师资队伍的综合素质。在选聘创新创业教师人员时，教师需要提高录用标准，不仅要对应聘人员的学历进行审核，使其满足创新创业教育的需求，还需要考核应聘人员的专业技术能力，选择那些专业素养强、实践经验水平高的人员，担任创新创业教师工作。除此之外，高校还要组织教师进行专业、系统的训练，使其掌握最新知识，了解客观发展的大趋势，更好地推动创新创业教育事业的发展。

"互联网+"时代为创新创业教育带来了新的发展机遇。各高校通过使用上述"互联网+"时代大学生创新创业教育新模式的构建方法，可以使大学生全面认识创新创业，增强创新创业意识，提高创新创业能力。

第三节 大学生的创新个性

个性，是人在一定的社会环境系统中能动地形成的个体相对稳定的心理品质，包括动机、意志、气质、情感等，是一个内涵非常广泛的概念。在人的个性品质中，既有惰性、保守性、依赖性等不良个性品质，也有独立性、开拓性、进取性、坚定性等积极个性品质。在当代人个性培养中，思想政治教育的作用就是最大限度地抑制消极个性品质的作用，激发积极个性品质的发挥。这也正是我们对当代大学生的思想政治教育的一个重要内容：个性的培养。

一、当代大学生具备的个性素质

大学生个性的形成和发展是个体主观努力（包括认识和实践两个方面）和客观环境长期互相作用的结果。个体的经历不同、所处的环境不同、认识和实践的广度和深度不同，造成学生个性的千差万别。笔者认为，新形势下作为社会主义事业可靠接班人和合格建设者的大学生，要想在职场竞聘中脱颖而出，应当具备以下基本个性特征和能力：

（一）严谨求实的优良作风

大学生是接受高等教育的群体。在我国大学生至少在目前还只占整个人口的少数，所以很宝贵。这在某种程度上会在社会中产生光圈效应，使一些学生滋长盲目的优越感。结果是不少的学生华而不实并且很浮躁，因此最终难免很肤浅。浮躁、华而不实、追逐功名的思想作风必然产生与此相连的学风。"墙头芦苇，头重脚轻根底浅。山涧竹笋，嘴尖皮厚腹中空"，正是这种现象的生动写照。严格地说一个大学如果没有良好的学风，大学生群体没有继承历史形成的光荣传统和符合时代要求的优良作风，那么教育本身就是失败的。因此，良好的学风，是大学生群体区别于社会其他群体的一个基本个性特征。关于学风，用最朴实的话来说即"严谨求实"。严谨，是指搞科学、做学问所必须具有的态度及由此派生出对其他方面的要求；求实是指目的，发现真理，实践真理，也必然包括为实现这一目的而对一个人其他方面的种种要求。作风不是与生俱有的，它是具体的，是在追求实现目标的过程中生成、发展起来的，一经形成，又反作用于实践过程。目标越高远伟大，也就越能生成更加优良的作风。大学生作为高层次、高素质的人才，理应为社会做出更大的贡献。在现代条件下，毫不夸张地说，"严谨求实"的作风是一个民族赖以生存和发展的灵魂。一切与之相反的作风都应在被摒弃之列。

（二）合作创新的团队精神

把合作创新的团队精神也作为大学生群体的基本个性特征之一，从表面上看似乎有些对立。有些人可能会认为，团队就是集体，团队精神就是集体主义的另一种说法，个性更应该突出个人的特性，担心讲团队精神会压抑个性。这种看法的前半部分有一定道理，后半部分则带有很大的片面性。个性不是个人主义，培养和发展个性也不是个人奋斗。社会发展到今天，无论是发达资本主义国家，还是发展中国家都非常重视形成"企业文化"和"团队精神"。"合作与创新"是现代社会对全体成员素质的基本要求。"合作"是对人与人之间关系的要求，学会"合作"是对每个个体的要求。创新是对每个个体、组织、民族、国家的要求。符合时代要求的个性是在合作的基础上为着不断地创新而形成和发展的。大学生作为高素质的人才，要在更高层次和更大范围内发挥作用，必须具有善于合作善于创新的团队精神，并把它作为大学生群体所应有的基本个性特征之一。

（三）高远协调的自我发展

大学生的自我发展应该具有强烈的内在动力和更明确的指向性或者目的性。这也应该成为大学生群体鲜明的个性基本特征之一。从教育的角度来看，与中小学教育相比，大学教育已不是一般的基础教育，而是带有很强的专业性、应用性和创造性。从受教育的对象来看，大学生由于其知识结构和能力处在整个社会较高的层面上，所以他们的自我认识和自我完善能力也较其他社会群体要好得多。这是他们之所以具有更广阔的适应空间和发展潜力的重要原因之一。大学生群体应当更善于高远协调的自我发展。高远，主要是指作为大学生个体和大学生群体的未来发展目标要高大长远。高远的目标，可以激发出超常的干劲和毅力，可以极大地拓宽人的思路和视野，可以鞭策人们更迫切更自觉地提高为实现高远的目标所需要的各种能力。协调，主要是指大学生个体和大学生群体的内部协调和他们同外部的协调。内部协调包括大学生个体的自我协调和大学生群体的整体协调。外部协调主要是同社会的协调，从根本上说它是教育对社会需要相对满足的反映，是受教育者对社会需要相对适应的反映。概括地说，协调是主体对客体的适应，其外部表现则是和谐与秩序。而上述各方面的整体组合，就是一种优良的品质，就是一种特殊的个性。

二、当代大学生个性培养的内容

大学生是我们祖国未来的希望，也是社会宝贵的人力资源。无论是高校、教师，还是大学生自身都应该关注并实施个性培养，确保大学生身心健康发展，使他们将所学知识更好地奉献给社会，毕业后能较快地融入社会、适应社会发展。

（一）发挥能动性是大学生个性培养的基本内容

能动性相对于被动性而言，具有目的性、计划性和选择性。它有明确的目的，并且支配主体调动一切积极因素，对达到目的的手段、方法、措施进行一系列的思考，形成一定的计划。在计划的实现过程中，将经历各种选择与困难，这就要求主体发挥个人的主见和独立判断的能力，从而实现目的。具有能动性个性特征的个体，始终处于积极、主动和活跃的状态中，他们能自觉地调动潜藏在自身的能量，最大限度地发挥自身的智慧和能力。

（二）培养自主性是大学生个性培养的核心内容

自主性是相对于依赖性而言的，真正具有积极个性特征的人绝非依赖性的人，它意味着"人终于成为自己的社会的主人，从而也就成为自然界的主人，成为自己本身的主人——自由的人"。这样的人，具有自立、自为、自强的品格特征，既是外部客观环境的积极调控者，又是自我意识的主导者；既能够认识自己和自己的主体地位，能支配和选择自己的前途与命运，又能自然而又充分地显示个人的潜能、意志和魅力，表现出独特的能力和品质，最大化地求取发展。

（三）激发创造性是大学生个性培养的最高目标

创造性不仅是对外在事物的超越，也是对主体自身的超越，它是主体性的最高表现。具有创造个性特征的个体，自尊自信，具有批判精神，敢于向权威挑战；能独立提出问题、设想并进行验证；有着永不满足的进取心和强烈的求知欲、好奇心，有细致和敏锐的观察力；对新事物很敏感，对发现新事物和创造活动有着强烈的兴奋感和情感倾向；敢于冒险，敢于献身。激发人的创造性是个性培养的最终目的。

三、当代大学生个性培养的开展途径

（一）从个性特点，着手研究并建立大学生个性分析档案

思想政治教育的对象是具有个性心理的活生生的人。这不是由思想政治教育者的主观意志决定的，而是由人们的生产、生活实践决定的。了解大学生的个性主要应从三条途径入手。其一，"听其言"，即向本人直接了解。其二，"观其行"，即在实践活动中了解。其三，问卷调查，向学生广泛了解。因为个人的观察分析往往是片面的，可行的办法是通过广大学生的认可、鉴定和竞选、综合测评等把握学生的个性。在研究大学生个性特点的基础上，建立大学生个性分析档案，对每个学生的个性心理进行全面、客观的分析。

（二）创设广阔的活动空间，为学生个性培养教育创造尽可能多的机会

大学生个性的培养教育渗透在大学生活的各个方面，因此可以利用大学生活的一切内容和各种时机，对大学生个性的形成加以培养。一方面，学校应创造良好的校园文化活动空间，组织一些启迪思想、开发智力、强壮体魄的活动，鼓励大学生在学习之余积极参加社会、科技、文化等业余活动。事实证明，丰富多彩的活动既能使学生增加阅历、增强自我体验，又能使学生在积极地参与过程中增强情感、激发兴趣、增长才干、磨炼意志，使学生个性向较高层次发展。另一方面，提供锻炼机会强化大学生的个性特长。在分析掌握学生个性特长的基础上，根据学生个性安排适当的工作，以个性的发挥带动学生的全面发展。

（三）充分利用和谐校园环境培养发展学生个性

学校环境是学生个性形成和发展的源泉之一。环境潜在的教育功能可以使人汲取社会的精神文化，培养人们的活动能力和社交能力。校园内部和谐环境包括三个方面：一是校园硬件环境的建设。文化设施设计形式应力求新颖，内容引人向上。二是校风、校纪软环境的建设。从某种意义上讲，校风、校纪对学生有着无形的教育和影响。这种影响与约束往往对学生个性的形成与发展起到定向定位的作用。三是和谐的人际关系的建设。和谐的人际关系是学生个性培养与发展的保障。四是丰富多彩的校园文化的建设。雅俗共赏、丰富多彩的校园文化环境不但能激发学生的学习热情，而且能陶冶学生的情操，同时更是学生个性心理培养的催化剂。

（四）发挥教师的个性魅力，用人格和知识的力量培养发展学生个性

在学生个性培养方面，教师的个性影响是重要因素。教师的个性会通过日常的教育活动和与学生的交流潜移默化地影响学生。这就要求教师必须加强自身修养，既要有广博的知识，又要有高尚的道德情操。通过自己坚韧不拔的意志品质，以人格和知识的力量影响学生。

当代大学生的个性培养，重在从学生的主体性出发，发挥能动性、培养自主性、激发

创造性；从学生的个性特点出发，构建学生的个性分析档案，为学生的活动创设更多的机会空间，营造和谐校园的氛围，发挥教师的个性魅力，用人格和知识力量培养发展学生个性。这是在对大学生进行思想政治教育引导的一个重要内容。

第三章　高校创新教育机制

第一节　国外高校创新教育的发展与启示

一、国外高等教育运行机制的时代转型

美国的现代创新教育思想发起于教育家杜威，1916 年杜威探讨了"科学的实验方法"在教育上的意义，提出了学校培养创造性人才的学说。他认为学校教育不是给学生提供现成的答案，而应给学生更多的实际材料、更多的教学用具、更多做事情的机会，让学生自己去加以整理，解决手头的问题，这样来培养学生的创造性。杜威的教育思想是美国创新教育的发端，它对今后乃至现今的创新教育研究仍有着重要意义。当前的美国高等教育，非常注重学生的创新能力培养，在教育观念方面，十分强调个性化和协作精神的结合；在教学内容方面，强调教学安排多元化与学科内容系统化并存，大幅度精简传统、陈旧的知识，大量增加新兴的、现代的知识内容；教学方式方面，注重从单纯的书本知识传授，变为强调教学过程中的问题研究和实际应用。美国的许多著名大学都将创新作为一种教育信念和哲学理念来追求，并以不同的方式加以表达。耶鲁大学施密特校长强调指出，大学之所以成为世人景仰的知识宝库，是因为每年新生的入学给学校带来了自己的学识和不同的经验，而毕业生除了一颗富于创造的心，却什么也没带走，从而使名牌大学的知识宝库不断得以充实。哈佛大学的办学理念是"为增长知识走进来，为服务祖国和同胞走出去"，哈佛学子一直执着于这样一种信念，去追求知识，创造未来。麻省理工学院的师生们则认为："来到 MIT，您一定会发现，MIT 每天都在发生变化"——这变化就意味着创新。

日本的高等教育按照大学审议会的"高等教育个性化、教育研究高水平化、经营管理活性化"的方针，在各个方面都进行了改革，也取得了相当成效。为了使日本的高等教育适应 21 世纪和日本社会的发展变化，日本政府和各个大学都在努力探索日本高等教育的改革。1998 年 10 月，日本大学审议会提交了题为"21 世纪的大学像和今后的改革方案——在竞争环境中充满个性的大学"的咨询报告，全面展望了 21 世纪初日本高等教育的发展状况及改革方针政策。1999 年 11 月，日本文部大臣又就"全球化时代高等教育的应有状态"

向大学审议会提出咨询，要求站在全球化时代的高度探讨日本高等教育的改革，尤其是如何建设面向世界开放的大学，如何适应信息技术的发展，如何培养学生的创新能力等项目。日本大学审议会认为，当今世界，社会、经济、文化的全球交流日益普遍，国际的流动性和相互依存关系也不断扩大，国际的竞争也日趋激烈，这是一个更趋复杂、更不透明的时代。在这样的背景下，日本为了达到其"智慧创造立国"及在国际社会发挥主要作用的目的，积极改革其高等教育机构，为国民提供终身各个时期需要的适当的教育，以使学生能学到与急剧变化的时代相适应的创造性的知识和技术，为日本培养出一批批活跃于世界舞台的人才。

德国、韩国、英国等国家也对创新教育进行了大量的理论研究和实践。如德国从小学开始就对学生进行发散性思维训练，各级各类学校都注重给学生充分的自由活动时间，体验生活锻炼能力，鼓励学生多发现，培养学生自己探索问题、自己解决问题的兴趣和能力。德国政府宣布，2005 年为"爱因斯坦年"，以激发民众对科学研究的兴趣，激励科学界、教育界和产业界之间进行创造性的合作。德国政府希望通过爱因斯坦的形象和成就吸引年轻一代更加关注科学研究和科学创新。韩国于 2001 年 3 月 11 日颁布了《英才教育振兴法》，旨在早期发掘创造性人才，开发其潜力，通过案例的实施来强化培养学生能力和素质，为韩国造就一批批适应时代发展需要的人才。英国学者认为，创新源自宽容而又严肃的学术批评，英国的大学十分重视引导学生开展批评活动，以宽容的、公正的、善意的和求实的态度去认识世界和解决问题。在他们看来，学术上没有绝对的权威，创造的思想来源于批评。因此，在整个教育管理体系中，贯穿着批评的基本原则，教师给学生的试题和作业，也会引导学生去评估某个问题，批评某个理论。毕业于剑桥大学的 Argian 博士说："写课程论文的时候，一定不要重复老师的思想，而应学会批评。当我读到你们具有不同思想观点的课程论文的时候，才是令人激动的时候。"

欧洲创业型大学如英国的沃里克大学、荷兰的特文特大学等，都是通过创新、创业实现全面转型，求得超常规发展的典型。美国学者柏顿·克拉克曾对欧洲创业型大学做过系统考察，概括出创业型大学的五个基本特征：强有力的驾驭核心、拓宽的发展外围、多元化的资助基地、激活的学术心脏地带和一体化的创业文化。从中世纪大学在欧洲诞生之时起，近代大学已走过了近 800 年的发展历程，期间，高校的内涵、理念、功能、类型不断丰富和发展，然而，高校的每一次变革无不与改革和创新紧密相连，创新是世界大学发展的不竭动力。

二、美国高校创新教育的发展

（一）创新培养目标

哈佛大学自成立之日起发展至今，其培养目标表现出明显的与时俱进特征。在成立之初，以培养神职人员为其培养目标。南北战争之后，哈佛大学迅速发展，随着社会政治、经济的发展，培养神职人员已不能满足社会的需求，在哈佛大学历史上著名的校长艾略特的倡导下，哈佛大学将培养目标定为：能够在社会各行各业发挥积极作用的实干家，为国家的发展服务。在二战结束后，在科南特的领导下，针对美国在这一时期政治重心的转移和经济的高速发展，哈佛大学将其培养目标定为"为战后美国社会培养负责任的公民，培养感情和智力全面发展的人，培养集自由的人和专家于一身的人"。为了实现培养有教养的人的目标，哈佛大学推出"核心课程计划"，希望提高学生综合素质和创新能力。

哈佛文理学院 1999—2000 学年核心课程指出："核心课程的哲学基于这样一种理念，即每一个哈佛的毕业生不但在某一个专业方面训练有素，而且应该接受广泛的教育。为了实现这一目标，学生需要一些指导，教师有责任指导学生掌握知识，发展智力和技能，养成思考的习惯，而这些都是有教养的人的标志。"在知识经济时代，大学在肩负起传授知识的同时，更应该转变成知识创新的主要基地，这不仅是顺应时代发展的需要，更是高校保持活力和竞争力的需要。哈佛大学能够随着时代的发展不断调整培养目标，并依据培养目标设置配套的课程体系，这是哈佛大学能够源源不断地培养创新人才的保证。

（二）创新教育课程

美国高校的课程不是由教育部门硬性规定教学大纲和教材，而是教授和教师在专业课讲授阶段根据自己的特长或研究方向确定教材。因此，对高校所设课程的研究能最直观地体现出学校的宗旨、教授或教师的水平和学校的内涵，如哈佛大学的"核心课程计划"阶段和"专修"阶段、耶鲁大学的分修制、斯坦福大学的通识教育课程等。在美国著名的大学中，很少将创新教育设立课程或明确提出创新的口号，而是将创新、创造思想融入其管理、评价、课程体系等之中。所以需要对课程体系进行研究，并深究其课程设置的内涵，从中提炼出其创新思想。

"先有哈佛，后有美国"。

哈佛大学作为美国最早一批的大学，历史悠久、闻名遐迩，如今更是享誉世界。历经几百年，哈佛大学能保持长盛不衰并能与时俱进，一方面是哈佛大学卓越的科研能力和学术创新能力；另一方面，对学生的培养也是至关重要的。优秀的、有创新能力的毕业生不仅能对社会发展贡献力量，更重要的是能扩大学校的影响和提高学校的声誉。哈佛大学早在建校之初就将创新融入其教学及管理的各个方面。"哈佛学院坚持 1650 年特许状所规定的宗旨：'促进所有有益的文学、艺术和科学的发展，借助所有有益的文学、艺术和科学的发展，教育青年人，并为教育本国的青年人提供所有其他必要的东西。'总之，哈佛致力于创造知识，用这种知识陶冶学生的心智，使学生最大限度地利用他们的教育机会。"在培养优秀的、有创新能力的学生的过程中，课程无疑占据着重要位置。时至今日，哈佛的宗旨仍清晰地出现在包括课程体系在内的各个领域。哈佛大学下设哈佛学院负责管理本科生院，本科生的教学组织与管理归哈佛大学文理学院负责。

哈佛大学的文理学院是集组织教学与科学研究、本科与研究生教育为一身的学院，并与其他学院，如法学院、教育研究生院、医学院等学院为并列机构。哈佛大学本科生课程分为两个阶段：第一，普通教育阶段，通常被称为"核心课程计划"阶段，在大学的第一、二年进行；第二为"专修"阶段，这一阶段与其他大学基本相同。特别说明的是，现行的"核心课程计划"与永恒主义代表人物赫欣斯提出的"百卷名著"课程有很大不同。赫欣斯当时提出"百卷名著"课程主要是为了反对杜威实用主义影响下美国大学对基础知识的忽略和不足，是为了维护或整合西方文明传统。而"核心课程计划"在新时代被赋予新的内涵：以人为本。它的目的在于"开拓本科生的知识视野，培养学生的智慧技巧和善于创造性、批判性思考的习惯"。

哈佛大学的"核心课程计划"分为7大类11个领域，包括外国文化、历史研究A、历史研究B、文学与艺术A、文学与艺术B、文学与艺术C、伦理思辨、定量分析、科学A、科学B、社会分析等。

外国文化。其教育目的是，"通过美国以及包括英伦三岛、加拿大、澳大利亚和新西兰在内的盎格鲁文化圈外的异域文化的教学，让学生理解他文化的本质，认识文化因素在培养人们独特的生活方式中的特殊意义，为母文化的假定和传统提供新鲜的观点"。并且通过开设的课程教给学生文化的研究方法。

外国文化课程包含领域极广，授课时尤其是欧洲国家的文化，一般用该国语言讲授。如《西班牙文化》《东欧的犹太人生活》《中国人的家庭、婚姻和亲属关系：一个世纪以来的变化》《现代朝鲜半岛的文化意识形态》《中美洲文明》，等等。

历史研究。历史研究分为历史研究A和历史研究B两部分。历史研究A的教学目的是以古示今，学习历史事件对今天社会的影响，学习历史研究方法来分析当今社会制定政策中存在的问题，如《当代世界中的国际冲突与合作》《西方的理性与信仰》《当代中国：现代世界中的中国大陆与台湾》《冷战》，等等。历史研究B的教材以原始历史素材为主，目的在于研究在特定的历史文化背景下，政治、经济、文化和宗教的力量，包括对受到这些力量影响的人的行为复杂性，如《基督教革命》《日本的现代革命》《查理大帝与中世界文明的诞生》《俄罗斯革命》等等。

文学和艺术。此类课程的设置目的在于通过对文学和艺术作品的学习和阅读，养成批判性的思维，培养学生对美的理解，陶冶学生情操，以此激发和鼓励学生个人的创造性潜能。文学与艺术A主要是文学作品的阅读。如《诗集、诗歌和诗人》《莎士比亚的晚期作品》《美国文学与美国背景》，等等。文学与艺术B是对艺术品的欣赏，如《艺术与视觉文化：艺术和建筑的历史研究介绍》《人像》《交响乐的世纪：从1820年到1914年的管弦乐》，等等。文学与艺术C包括《古希腊文明时期英雄的概念》《奥古斯丁时代的罗马》《中国文学》，等等。

伦理思辨。其课程设计的目的主要为启发和引导学生认识社会和人生中道德价值问题。通过对不同历史、不同政体的社会价值观念的学习，鼓励学生学会在理性中分析社会问题，反省关于社会正义、责任、公民、忠诚和勇气的内涵，如《孔子的人本主义：内修与道德社会》《权利》《民主与平等》，等等。定量分析。其教学目的是运用数学统计分析的方法、逻辑思维方式和建模等来研究自然科学、社会科学和人文科学等，如《推演逻辑》《不确定性与统计分析》《国际政治策略》，等等。

科学。此类课程分为科学 A 和科学 B。科学课程的目的是让学生掌握从科学的角度认识世界，把握科学的基本概念和内涵，培养他们科学思维的能力，并培养他们用个人独特的视角和理解方式认识当今的科学技术。科学 A 的内容主要是与物理学相关，如《地球动力学》《宇宙中的联系》《光和物质的本旨》。科学 B 主要是生物学和进化论等内容，如《生物进化论》《从 DNA 到大脑》《生命的历史》，等等。

社会分析。其目的是教给学生社会科学的基本概念、内涵和方法。运用社会科学的研究方法，分析材料，以此洞察社会中人的本性，如《经济法则》《美国社会中的种族、伦理和政治》《增长和发展的历史观》，等等。在原则上要求每名学生必须在一学年完成其中的 16 门满一学年的课程，也称全课（mllcourse），即 32 门一学期课程，其中至少要有 10.5 门课程成绩达到 C 才允许申请文学和理学学士学位。

从以上列出的课程可以看出，"核心课程计划"中天文、地理、科学、人文和古今世事无所不包。从表面看，这些课程有些混杂，但其中能看出哈佛的教育理念和创新人才培养理念。首先，无论学生学文学理，所学知识必须涉猎文理两大领域的基础知识。这一理念内涵就是在多学科的知识综合中，培养人的综合素质和综合创新能力。其次，既对学生所修科目数量有硬性的规定，又照顾到学生的个人兴趣，体现普通教育的个性化和多样化特点。

（三）创新教育与现代教育技术

在知识经济的影响下，新技术和新方法对传统高等教育产生冲击的同时，更多的是注入了新的活力。新技术的应用为教育的开展提供了丰富多样的方法、手段和途径，其中现代教育技术在教育领域的广泛应用比较具有代表性。"现代教育技术，通俗地说就是指以计算机为基础的信息技术在教育教学中的应用。""从 20 世纪 90 年代以来，多媒体与网络技术的出现为教育的发展注入了新的活力，使教育的发展产生了质的飞跃，不仅推动教育信息全球传播，而且最大限度地实现了全球资源共享，我们谓之为第五次教育革命。"

随着知识经济的到来，新的教育方法和手段产生并逐渐被大家所认可，现代教育技术的出现为原有的教育方法和手段提供更多的选择，各国不约而同地投入大量的资金进行教育技术的科研。美国在将信息技术应用到教育领域方面走在世界的前列。1992 年克林顿上台后提出，要让信息技术走进校园，并要求在 2000 年，每间教室和图书馆都能上网冲浪，让每名学生都能应用计算机，让教师培训更便捷。1996 年，他又鼓励将发展计算机及网络为核心的信息技术作为知识经济对教育领域挑战的解决办法之一。

2000 年 12 月，国会"网络教育委员会"提出"现在的问题不再是因特网能否以一种新的、强有力的方式来改造人们的学习，我们发现问题也不再是我们能否需要投入时间、精力和金钱，来促使因特网发挥其作用，提供新的学习机会，我们相信我们需要。我们必须行动起来，让因特网的力量从愿望变为现实"。虽然新的信息技术不能完全取代传统教学模式和方法，但其对学生综合能力提高及创新能力的培养作用很大。通过现代教育技术，借助多媒体整合，提供了大量的信息、更新的资料和生动的模拟演示。这些不仅使传统教学提高了效率，更逐渐成为新的教学模式。首先，让学生在更加方便、经济的条件下，接触和了解新学科，尤其是对器材要求比较高的专业。例如，美国布朗大学开发了一套气候学软件，一名非专业学生在使用后说，仅仅半个小时我就对气候学有了一个大致的了解。拓展了学生的知识面和对其他科学的兴趣，对提升学生的综合素质帮助很大，为以后各方面的创新做好准备。其次，帮助学生对所学知识深入理解。如美国豪富斯特拉大学（HofStra University）的法学院有一个审判前起诉程序的课程。在其中进行角色扮演，就像实际的过程一样，使学生能身临其境加深理解。最后，海量教学资源，资料获取更加方便。美国弗吉尼亚理工学院（Virginia Tech）有一套关于树木种植的软件，其中包含9500多幅照片，以及树木、树叶等的详细描述。根据每名学生能力的不同安排教学，学生可根据自己的步调学习。

在科罗拉多大学的博尔德（Bodder）商学院，每名学生可根据自己对最近课程学习的好坏，选择在网络上重新学习一遍，或进行下一步的学习，学院规定学生随时可申请进行特定考试，从而进行下一阶段的学习。这不同于传统的统一教学，它能缩短能力强的学生理论知识学习时间，又能为能力稍差的学生提供补救措施，为创新人才培养大开方便之门，增加了教学的交互性和丰富性，并促使教师角色的转换。学生可以通过网络对教师进行互动，在网络上，学生的心理压力较小，每名学生都能平等自由地参与讨论和咨询，对教师的讲解和回答能更好地理解和消化，不至于使落后学生的距离越拉越大。同时，教师的角色由知识的传授者转变为教学过程的指导者和设计者。与牛津大学导师类似，却能大幅度地减少教师的劳动量。难免因大学的选修课在通过网络教学后虽然学生增加了很多，但传统授课时间却下降了不少，教师将更多的精力用在与学生网络互动和教授和助教个别指导。教授从繁重和劳累的备课、上课、修改作业中解放出来，将更多的时间用在激发学生兴趣、启发学生思考，等等。"现代教育技术的应用目的是优化教学，而核心是用系统方法设计、组织和评价教学过程，系统技术研究是教育技术的中心概念。"

现代教育技术作为知识经济下的产物，促进创新人才的培养的同时也对高等教育提出新要求，首先应改变教学模式。教育技术的应用为教学提供了丰富的教学模式，新的教学模式的应用又保证了创新人才培养的教学质量。其次，需要一支能适应网络教学的教师队伍，只有他们才能创造出新型学习和教育模式。现代教育技术在提供个性化、合作性的学习环境的同时，还提供了大量的资源与材料，这些不仅拓展了学生的视野，激发了学生的学习兴趣，还能培养学生的发散思维、形象思维、创造性思维和逻辑思维。所以，"现代教育技术为高等教育创设了这些必要的条件，为创新人才培养提供了强有力的支持"。

（四）充满创新的校园文化氛围

教育既包括知识的传授，还包括人格的塑造、品质的养成等方面。知识的传授主要由教学来完成，而关于学生人格、品质、思想等的养成，校园文化往往比教学得来的知识更具持久性。"作为整个人类社会文化系统组成部分的一种亚文化，大学校园文化虽有其特殊性，但也不可能超越人类文化所具有的共性，即都是由物质文化、制度文化和观念文化三个层面组成，是这三种文化的统一体。"

1. 校园物质文化

大学校园的物质文化由校园的环境、建筑、布局和风格组成。这种文化不仅影响师生的品格、涵养、气质的隐形因素，而且能使每名学生或多或少地染上它的痕迹和色彩。

（1）校园自然环境

哈佛大学坐落在查尔斯河畔的坎布里奇，与大都市和商业地区相比，这里多了几分幽静和古朴。在哈佛校园里，古树参天，楼房群里，约有四百栋建筑在绿色中错落有致。茂密的树木、古朴的林荫道、典雅的建筑群，将哈佛几百年历史的沉淀呈现在眼前。作为一种独特的物质文化，校园环境不仅为学生提供了舒适的学习环境，更能潜移默化地培养和熏陶学生的人文精神，将哈佛的文化底蕴烙在学生身上。

（2）校园建筑文化在自然环境优美的同时，校园内建筑更能体现大学的品位和风格。"建筑是无字的书，是沉默的语言，是视觉和空间的符号，通过视觉产生符号的指示功能，发出相关的信息，以自身的客观实在和外在的表现形式折射出某种特定的内涵、精神和意蕴。"在著名大学的建筑中，既有古朴典雅的风格，又有现代风格的元素，不同时代、不同风格的建筑参差错落，在差异中蕴含和谐。在哈佛大学肯尼迪公园南门门柱上的留言堪称经典。这是肯尼迪总统在 1963 年时说的，"创造权力的人对国家的强大做出了必不可少的贡献；但质疑权力的人做出的贡献同样必不可少，特别是当这种质疑与私利无涉之时。因为，正是这些质疑权力的人们在帮助我们做出贡献：究竟是我们使用权力，还是权力使用我们？"这段话意义非凡，它鼓励学生不畏上，敢于向权威挑战，敢于独立思考，敢于创新。这些正是创新人才所必需的素质。

2. 校园制度文化

校园制度文化由学校教学制度和管理制度等组成，其中学校的教学制度对创新人才培养影响更直接。

（1）导师制

导师制起源于 14 世纪的牛津和剑桥大学，是随着学院制的产生而产生的。哈佛大学是仿剑桥伊曼纽尔学院而建，导师制自然而然地在哈佛设立。由于资金问题直到 17 世纪末，哈佛大学只有两名导师，导师们除教授一门科目外，他们对学生的评价可以决定学生的升降级。当时这两位导师都是单身，他们寄宿在学校与学生同住，方便与学生沟通，并能及时地帮助学生的学习及生活。18 世纪 30 年代，哈佛大学虽增加了导师数量，但导师们由与学生同住改为独住，与学生的关系也由亲密友好转为相互轻视与指责。

随着18世纪末到19世纪初学生人数的增加，哈佛大学才有了真正意义上的导师，这一时期一般导师至少有三年以上哈佛大学的经历，学生与导师的关系重又转为友好。进入20世纪以后，哈佛大学校长洛厄尔（Abbott Lwrence Lowell）使导师制增加了新特点。他建立的"集中与分配课程制度"使导师制的重要性凸显，虽然在"集中与分配课程制度"实行初期产生过一些异议，但"随着学舍（house）的建立和人员的改善，在导师与学生之间逐渐建立起了亲密、友好的关系""导师制不仅使哈佛的导师们树立起了更好地培养有抱负的学者的信念，也使学生对学习态度产生了巨大的变化，极大地提高了学习成绩，每个毕业班大约有40%的学生在专业领域获得了荣誉学位"。目前，哈佛的导师制大体分为两部分，分别是大一本科生的指导和大二至大四本科生的指导。在新生入学后，首先是新生主任办公室的工作人员负责介绍及指导大一学生如何处理自己与同学、教师及导师间的关系，并有主任助理定期为大一学生提供学术和个人规划方面的咨询。学校为每名学生配备导师，为学生提供学术建议和咨询服务、提供选课建议、确定研究兴趣和方向、指导论文等。

导师还要求在了解学生能力和素质的基础上，帮助他们制订学习计划，设定选修课程数量。在师生交流方面，导师应与学生平等的对话、尊重学生的决定、解答生活上和学习上的问题及对学习的决定给予支持。学生应积极地与导师保持联系，建立良好的师生关系，及时向导师反馈学习上和生活上的问题和疑难，以此来潜移默化地影响学生的价值观和人生取向。导师制发展至今，尽管存在种种局限，但其在教学过程和教学改革中的优势不容小视。"在教学方式上重视个别指导、言传身教、循循善诱；在教学内容上德智并重；营造的教育环境和谐、宽松、自由。"对学生而言，从导师那得到的是影响一生的思维方式，对学习的态度，更重要的是实现了教育功能和学生个人品质培养的统一。这种看似和创新教育不相关的素质，正是学生成为创新人才的基础。创新人才培养并非设定一系列课程，在课程达标后就能培养出创新人才来，因为创新人才没有固定的标准，没有固定的培养模式、课程，而传统的按部就班、重重束缚却恰恰抹杀了学生的创新性。

（2）本科生参与科研制度

本科生参与科研已有几十年的历史。在1998年，美国研究型大学本科生教育委员会在《重建本科生教育：美国研究性大学发展蓝图》报告中，提出10条改革本科生教育的建议，其中第一条就是"以研究为本"，强调从教育转变到重视学生科研能力上。学生大一就尽可能多地在科研项目中参与科研活动。哈佛大学本科生参与科研大体分两种，一种是学生跟随教师，加入教师的研究小组，担任教师的助理，另一种是学生自己提出项目方案或独自承担校方提供给学生的项目，哈佛大学十分注重学生的科研能力，主要是因为以下几点：

①让学生在自愿的基础上，根据自己的兴趣、爱好和特长选择项目，基本确定自己以后的研究方向，为未来做出正确的选择；

②能增加学生的研究能力、激发学生创新热情,为有能力的本科生提供展示自己的平台;

③通过科研将书本知识与动手能力联系起来,发展学生探究真理的好奇心,发现科学本质,学会科研方法,尤其是在科研中可使学生在本科阶段就养成独立思考、仔细观察和动手能力;

④最重要的是,学生在课程学习中参与科学研究,获得的正是运用基本原理进行思考的能力,而这种能力培养可以产生创新的种子。

（3）寓科研于教学的制度

自科学研究成为大学基本职能之一开始,科研对大学的重要性与日俱增。教师教学的好坏已不再像原来是教师评判的决定因素,取而代之的是科学研究能力。前哈佛大学校长科南特就曾谈到青年教师:教书再好,也不能保证你们能够晋级。学术成就、研究成果和发表作品成为衡量教师成绩的一个中心标准。

哈佛大学之所以重视教师的科研能力,主要是因为以下几点:

①对知识的探究是大学的使命使然,而且宽松的学术氛围、充足的设备和资料为科研提供了非常好的资源;

②“科研本身就是一个效率很高和非常有力的教学形式”;

③将教学和科研结合并最终整合正是大学的教学过程;

④通过科研并让学生参与其中的教学过程,是培养学生的创造力和培养一流人才的基本方法;

⑤作为大学的教授或教师,他们的任务不仅仅是知识的传授,还应该负担起生产新知识并把新知识传授给学生的任务。

“没有参与知识创造和发现过程的人是不能胜任大学教学的,只有真正的研究者才能做好教师。”总之,能达到培养创新人才的教学一定是建立在科学研究基础上的。

3. 校园精神文化

校园精神文化是校园内的一种深层次的文化,从中我们可以看到一所大学的办学理念、校风和传统等,也是校园文化的核心部分。

细数世界名牌大学,哈佛大学继承了剑桥大学,而哈佛大学的毕业生创立了耶鲁大学。耶鲁大学的毕业生成绩斐然,普林斯顿大学、哥伦比亚大学、康奈尔大学、威斯康星大学、芝加哥大学等大学的第一任校长都是来自耶鲁大学的毕业生。他们将哈佛大学和耶鲁大学的理念带到了这些现今的名牌大学。不可否认这些大学里或多或少都有哈佛和耶鲁的影子,也难免出现一些共同点。如今,当这些著名大学源源不断地培养出创新型人才,可以发现精神文化对创新教育的影响。首先,它们不管社会的环境、不以功利心态对待课程设置,始终坚持通识教育,严格按照学科知识内部逻辑发展,逐渐形成了具有综合能力、富于创新精神的品质和风格。无论是教师的学术能力、学术素养还是学生的基础知识、思维方式及对待科学研究的态度都超出其他学校,成为创新人才培养的知识基础。其次,学术自由,是大学发展、科研和培养创新人才的保障。它可以使教师和学生摆脱世俗的束缚和影响，使他们能保持理性的态度去探索新领域、创造新知识，促进知识的发展和繁荣。"如果没有学术自由，大学不仅如一潭死水，无法泛起知识的涟漪，而且也不可能履行其'成为新思想（包括那些可能不受欢迎的新思想）的催化剂和庇护所'的职能，大学也就不可能培养创新人才。"

（五）创新教育的制度保障

1. 学术问责制度

在美国，大学自治和学术自由为大学实施创新教育提供了相对宽松的学术环境，但仅仅宽松的学术环境并不能确保创新人才的培养。所以应学术自由而生的是学术问责制度，正如一枚硬币的两个方面，只有两者都向着积极的方面发展时，才能使教师和学生都有紧迫感，从而促进创新的产生。

（1）质量保证体系

作为世界上高等教育较发达的国家，美国的高等教育质量保障体系也处在领先地位。美国"建立了以质量体系认证、大学排行榜及竞争性拨款机制为主要组织形式，以自治、自律为主要特征的质量保证制度"。它们对美国保持其高等教育领先地位和提高教学质量发挥了关键作用。

①美国的质量体系认证包含三大类：全国性院校认证机构、区域性院校认证机构和专业认证机构。在认证结果公布之前，被认证的大学如任务不能达标可以退出，并非一审定终身，要和认证机构保持良好的沟通，改进工作以达到认证要求。认证机构评判标准中最有特色也是最基本的是大学是否能完成或实现自己学校确定的使命和目标。这样做可以保持大学的传统和办学理念，避免受到社会潮流的影响，有自由的空间发展自己的特色，保证创新力。评判的另一个标准是对学生教学效果的评价。认证机构要求本科生具备"口头与书面交流能力；数量推理能力评判分析与逻辑思维能力；课程所要求掌握的基本技术和知识"。他们把研究生分为职业性研究生教育和学术性研究生教育，各自有不同的评价标准。要求职业性研究生获得理解、传播知识的能力，获得职业需要的技能和交流能力；对学术性研究生的要求是具备发展、组织和传播新知识的能力。

② 大学排行榜对目前的美国大学来说是必争之地。哈佛大学也不例外。许多学生和家长如果对某大学没有深入了解的话，一般在选择大学时主要依靠大学排行榜。大学排行榜与大学的声誉和知名度直接挂钩，相互影响。而决定大学排名的因素与大学科研项目的多少和获得捐赠资金的多寡有直接的联系。大学排行榜的排名对各大学来说不想重视却又不得不重视，因而大学排名也是促进大学间竞争的重要推动力。因此，哈佛大学的专门机构每年花费大量的精力和物力为大学排行榜提供数据及进行交涉，为争取更高的排名殚精竭虑。

③竞争性拨款机制。美国政府将评估水平作为拨款计划的重要参照，而评估不再是以

整个大学为评估对象，转而专门评估学科或系。这样就使科研评估的精确性大大提高，督促各学科在科研创新上努力奋斗，不至于出现以前对整个学校评估，一荣俱荣，而对学科的拨款无差别，避免了科研经费的浪费。

（2）教师评价制度

首先，大学教师的评价制度是保证教学质量和保持学术竞争的基础。因为哈佛大学教师有高度的学术自由，在学术研究上压力很大，完善和合理的教师评价制度能给予学术自由更大的合法性，并且保证学术责任的履行。哈佛大学教师评价的主体不是简单地对所教课程的熟悉和了解，还要求教师在研究和教学中涉猎其他领域的知识和介绍其他不同的观点。其次，要求教师能紧跟本学科的发展动向。最后，重视师生互动，允许学生提出不同观点，也允许学生对自己的观点提出质疑，共同讨论解决。这样的评价标准有利于学生接触更宽广的领域，为学生创新思维的培养提供了丰富的原创性材料；对不同观点的质疑和讨论，使学生树立良好的学术规范和创新所必需的独立人格。此外，科研成果也是教师评价的重要指标。"非升即走"和"不出版就死亡"是大学教师评价的主要标准之一，它对大学教师的激励作用是非常明显的。

2. 学分制和选修制

学分制和选修制是一种灵活的富有弹性的教学管理制度。对教师来说，能促进教师的教学热情和教师间的竞争；对学生来说，能调动学生的积极性和主动性，可以根据自己的爱好、兴趣选择课程，能调动学生的科研热情和培养创新能力。

（1）学分制和选修制的由来

学分制是在 18 世纪末兴起于德国的选课制基础上发展起来的，其间不断有美国大学效仿德国的选课制。哈佛大学经过前校长艾略特积极实行选修制后，在 1872 年开始实行学分制。1894 年，哈佛规定学生如修满毕业需要的学分后可申请毕业。之后在 1909 年，哈佛大学针对学分制实施中的问题率先进行改革，将限定选修制变为自由选课制。到 20 世纪初，美国大学已基本将学分制和选修制普及。这与其尊重个人能力，注重人性发展是分不开的。学分制的实施，造成美国大学年级的概念很模糊。"一般来说，当一名新学生修满 24 学分是称为一年级生（Freshman），修满 25~55 学分是二年级生（Sophomore），修满 56~89 学分为三年级生（Junior），90 学生以上的学生为四年级生（Senior）。值得一提的是，哈佛大学在实行学分制 114 年以后于 1986 年正式取消了学分制，而如普林斯顿大学和芝加哥大学等一样实行学年制。"

（2）学分制和选修制的特点

首先，重视学生学习的自主性，推动学制的弹性化。学生可根据自己的兴趣、特长在一定学校规定范围内选修课程以积累学分。这正是学分制想要达到的效果，可以在允许的范围内最大限度地尊重学生的个体差异，体现极大的学习自主性。学生如果一门选修课考试未及格，可以选择重修或重新选择另一门课程，一直最后达到等值学分为止。这样既可以提高教学质量，又充分重视了学生的个体差异，同时也反映出高等教育的开放性。其次，尊重学生的人性。学分制和选修制的实行模糊了传统意义上的年级和班级。学生根据所学课程和所修学分不断形成新的学习群体，增加了学生之间的交流和相互学习。"尊重课程教学的个性化、强调学生的个性发展，是学分制和选修制的重要特征。"最后，实行目标管理，加强教师的指导作用。学分制和选修制一般根据学生成绩和学籍管理进行管理，与传统的过程管理注重年级概念和对学生统一要求相比，学分制和选修制给予学生极大的自主权和灵活性。但高校在实行学分制和选修制的同时，基本都实行导师制。指导教师帮助学生解决学习和生活中的困惑，作用很大。导师制也是学分制和选修制重要的组成部分。学分制和选修制类似于我国的"因材施教"，强调尊重学生个性，把学生放在教学的主体地位，重视学生个体的自由和谐发展，从而为创新人才的健康成长提供了良好的制度环境。

三、美国高校创新教育对我国的启示

（一）中美对创新教育及创新型人才的不同理解

由于政治、经济、历史文化背景的不同，我国和美国对创新教育和创新型人才的理解不尽相同。

（1）我国学术界通过各个角度定义了创新教育、创新型人才和创造型人才。而美国学术界基本没有相关定义，只在心理学角度定义了批判性思维、创造性思维、创造型人格等概念。我国和美国在定义创新相关概念时内涵和外延都有不同。

（2）我国在创新人才培养时更多关注学生的创造性、创新意识、创新精神、创新能力等。而对学生隐形因素，如学生的知识广博程度、个性发展和意志品质等方面关注不够。美国注重在学生全面发展的基础上培养学生的创新能力，并十分注重学生的人性发展。

（3）我国对创新教育的定义及对创新内涵的理解受国家政策和领导人的讲话影响大。在学术界，还有的是从心理学角度定义，对创新及创新人才的理解也呈现出很大的差异性。而美国更多考虑社会的需要，将社会的需要融入创新人才培养过程中，具有很强的实用性，受国家政策和学术界观点的影响较小。

（二）美国高校创新教育实施环境对我国创新教育的启示

1. 政府出台政策或方案使创新思想具体化，增加创新思想的可实施性

中美两国的领导人都非常重视创新对国家发展和社会进步的作用，也都提出创新教育及创新型人才作为国家发展策略中重要的一环。但在实际操作中，美国将创新教育的做法更加细化，将创新教育的理念渗透到具体的各方各面。例如，教育主管部门出面成立创新研究所和实验室，对政府工作人员创新能力的要求，组织的创新能力竞赛以及鼓励和奖励师生创新教育中的突出成绩；非教育主管部门也在自己领域内成立相应的创新组织，奖励及鼓励创新成果。美国各州政府根据本州的实际情况从政策面鼓励创新，通过成立相关组

织和资助社会创新组织等多种形式推进创新。在美国，创新思想已经融入政府制定的各项政策中，在执行政策的同时创新也在进行；教育主管部门以多种形式将创新思想具体化，为培养创新型人才保驾护航。

2. 高校的多渠道资金筹措体制，增加创新教育实施的持续性

美国高校拥有多渠道的经费筹措体制和机制，包括政府的直接拨款、各大基金会的捐赠、企业的科研经费、个人的捐资及高校的创收等多种形式。近年来，美国政府对高校的拨款更加强调绩效，通过高校承担科研项目的形式获得政府资金比重逐年增大。各基金组织的捐赠在美国高校发展过程中发挥了重要的作用，目前基金会的捐赠更多是带有公益性，并提出一定的要求促进高校改革和发展。企业与高校合作方面美国高校在全世界首屈一指，它不仅需要高校具有较强的科研能力，还需要企业承认和相信高校的创新能力。高校创新成果的销售和服务收入占高校总收入的比重正逐年上升。在校方的资源利用和投资经营方面，美国高校成绩斐然。名人、富人及校友捐赠是美国高校收入的一大特色，虽不及其他方面，但长年累月，数目可观。纵观美国高校的经济环境，由于美国独特的历史文化和思维习惯，使得美国高校除政府的资金和依靠自身的科研能力争取企业的科研资金外，基金会的捐赠以及校友捐赠长年累月也为高校提供了相当可观数额的资金，特别说明的是美国高校自己的创收能力在全世界也是处在顶尖位置。多种渠道的经济来源为美国高校实施创新教育及创新型人才的培养提供了强大的经济支持。

3. 社会组织通过多种形式积极响应创新

美国社会组织在推动全社会创新过程中发挥了重要的作用，它不仅与政府、高校的创新思想相辅相成，而且还通过自身在社会的影响力，将创新思想传递到社会各个角落。社会组织通过多种形式推动创新在民众间展开，并针对不同人群及各个领域，从高校教师到学生家长，从全国范围内的民间创新研讨会到与创新教育相关的基金会，面向全社会普及创新思想，交流创新成果和经验，包括创新组织、民间研究中心、创新学会、基金会及企业，等等。只有培养全社会的创新意识，才能形成政府、学校及民间的合力，才能使创新意识及创新教育蓬勃发展。

4. 具有文化背景的竞争意识使民众能正视竞争，敢于创新

美国的创新是立体式的，并不是由某一个领域发起或起到绝对主导作用的。从美国政府制定的政策，到学校包括从学前教育至高等教育或明或隐地将创新的思想融入课程、教学目标、培养目标等方面，再到各领域企业。当创新成为一种文化，那么它对经济发展和科技进步的巨大推动作用是无可比拟的。由于美国历史文化的特殊性，竞争意识已深深扎根于美国民众心中，上至政府官员，下至平民百姓，使人们能正确认识竞争，敢于面对竞争，并且通过创新在激烈的竞争中占据优势。

四、我国高校创新教育的问题及原因分析

（一）我国高校创新培养目标僵化，创新人才培养模式不成熟

我国的高等教育一般分为高等专科教育，本科教育和研究生教育。本节主要论述作为高校主体的本科生教育。根据《中华人民共和国学位条例》规定，"高等学校本科毕业生，成绩优良，达到下列学术水平者，授予学士学位：第一，较好地掌握专门学科的基础理论、专门知识和基本技能；第二，具有从事科学研究工作或担负专门技术工作的初步能力。"

我国高校一般都依据《学位条例》制定本校创新教育目标。由于各高校的生源水平、学术能力及师资力量等多种因素决定了他们的教育目标各不相同，也没有必要相同。台湾社会学家扬国枢教授关于创新教育目标的看法很具代表性，他认为："本科阶段的创新教育必须同时达成五大类目标：第一，培养大学生对自己身心特质的了解；第二，培养大学生求取新知的方法和能力；第三，培养大学生适应个人生活所需要之较高品质的能力、情操及行为；第四，培养大学生适应社会生活所需要之较高品质的能力、情操及行为；第五，培养大学生关怀全世界、全人类所需之较高品质的能力、情操及行为。"

目前，我国创新教育存在的问题是创新培养目标不明确、创新教育实施具体方面模糊及创新人才培养模式不成熟。出现此类情况的原因为，第一，我国高校开展创新教育较晚，创新教育理论刚刚成型，总体上说，我国还处于创新教育摸索的初级阶段。第二，我国高校的传统教育思想根深蒂固，致使我国高校更多地依赖国家的明确提法来指导，缺乏主动改变的魄力。第三，实现创新教育目标所需的课程体系、教育模式、师资队伍建设与教师评价及教学管理等多方面没有形成合力。

（二）我国高校课程设置过于强调专业知识，忽视综合素质的培养

清华大学是我国高校中历史悠久、享有盛名的大学，它在一定程度上代表了中国高校工科研究的最高水平，目前清华大学具有较明显的研究型大学的特征。我们以清华大学为例，研究我国高校创新教育课程。清华大学的课程结构包括四大部分：校定必修课、系定必修课、限定性选修课和自由选修课，必修课占总学分的70%，选修课为30%。选择清华大学比较具有代表性和传统的建筑学专业的2002年课程设计为例。

该专业的课程设置分为六个部分：

第一部分为外语类和体育课程的必修课程。

第二部分主要为人文社科类课程，包括《思想道德修养》《毛概》《邓论》《马克思主义政治经济学》《军事基础》《法律基础》等，以上是必修课程，学生还可以在其他院系学习限定性选修课2门。

第三部分为自然科学基础课。开设《高等数学（1、2）》，为必修课程。

第四部分为工程技术基础课。开设《计算机文化基础》课程。

第五部分为专业课程。包括建筑设计课程：《X.1、2、3》；理论课程：《建筑设计基本原理》《理性建筑》《城市规划与设计》《总体设计》，等等；职业教育课程：《建筑师工程经济分析》等；文史类课程：《外国建筑》《中国古代建筑史》《中国近代建筑史》等；技术类课程：《建筑力学》《构造设计》《CAAD 方法》，等等。

第六部分为实践课程。学校安排各种实习，包括测量实习、外地建筑调研实习、建筑史业务实践，等等。从以上课程安排可以看出，清华大学建筑系的课程结构是典型的传统专业化教育。除规定的外语、体育和人文类课程外，还安排了大量的专业课程，目标指向明确，即培养优秀的建筑师。此外，我们可以发现所设课程与专业相关度极高，基本是围绕专业进行课程设置的。因此，该系的课程虽对学生的专业知识的学习提供了课程上的保障，但知识的广博程度和综合程度略显低，换句话说，除专业外开设的必修与选修课程功利性明显，学生自主选择课程的空间较小，学生个性发挥机会较少，课程设置普遍缺乏创新空间。

分析我国高校的课程设置的现状，找到其原因：第一，我国高校的课程设置受苏联的影响十分深远，非常重视专业知识的培养，致使学生所学专业与非专业知识比例失衡。第二，在知识经济背景下，我国高校未能灵敏地对课程设置做出反应。第三，我国大学生的个性化发展程度低。

（三）现代教育技术手段未能充分发挥作用

我国高校在知识经济的影响下，教学模式与教学手段也发生了很大的变化，新技术与新方法对我国传统教育模式产生了相当大的冲击，同时也注入了新的活力。新技术和新方法的应用有助于优化传统教学模式和方法，并对创新型人才的培养帮助很大。

目前我国高校运用多媒体授课已得到较好的普及，多数高校已将多媒体引入课堂教学，为高校教师节省书写板书时间，并将抽象问题具体化，增加了课堂教学时间，同时使较难理解的问题简单化。目前，我国多数高校已基本在课堂教学上普及了多媒体。

软件教学在近些年也被高校广泛接受，它使学生尤其是理工科学生在学习相对抽象的问题时，将其形象化，从而更加容易接受和理解，增加了教学效果和提高了课堂教学的质量。目前可供教学用的软件逐年增多，所涉及的学科领域也不断增加。以计算机及网络为核心的信息技术在我国各高校迎接知识经济挑战中发挥了重要作用。我国高校基本都建设了本校的校园网，包含了大量的信息和资料，使学生资料获取方便；教师授课视频可以帮助学生对所学知识进行复习和巩固。但我国高校更多地将现代教育技术基本围绕着学生所学专业，对其他学科和专业涉及不够。虽然计算机网络发达，但学生和教师间在网络上的互动很少，计算机更多的是对传统教学的替换，对增加学生知识的综合知识方面效果不明显。

现代教育技术的应用面狭小，或者说只是发挥了现代教育技术的基础功能。学生通过网络听课，教师利用网络与学生交流、指导学生学习及与学生互动等方面我国刚刚起步，还没有真正发挥科学技术带给高校的巨大作用。我国现代教育技术手段未能发挥作用的原因：第一，我国高校将计算机运用到教学的进程还处于初级阶段，诸多方面处于刚刚开发和研究阶段，甚至还未开发。第二，高校未能积极地引导和指导教师、学生形成对现代技术的正确认识。

（四）缺少充满创新的校园文化氛围

1. 我国高校

校园建设过于功利性，北京大学作为我国高校中历史最悠久的大学，其校园文化在我国众多高校中首屈一指。北京大学创办于1898年，原名京师大学堂，它不仅是一所大学，也是当时中国最高教育行政机关。1912年改为北京大学，严复任校长。北京大学的校址原为明清两朝的皇家园林，因而又称"燕园"，历经几百年兴衰和战事，其基本格局与神韵仍在。校园北临圆明园，四望颐和园，加之本身就为皇家园林，共同营造了北京大学如花般的自然景观，校园内古树绿荫、鸟语花香，使学生能深切感受到浓厚的人文气息和悠久的历史积淀。这种人文气息深深影响了每一位北大学子，将古朴、厚重的北大精神发扬并传承下去。北京大学的自然景观和历史悠久的建筑在潜移默化地影响着学生的品质和人格，稳重、慎思等诸多品质正是创新型人才所必须具备的素质。我国虽是千年古国，拥有厚重的历史文化积淀，但我国大学起步较晚，诸如清华、北大也只有百余年历史，随着近年高等教育规模的高速发展，各高校校园内现代建筑林立，充斥着现代科学技术给高校带来的改变，体育馆及多功能厅在各大学已基本普及。但我国多数大学校园内少了些人文气息，校园自然景观和建筑太过功利性。

2. 导师制未能充分发挥应有作用

目前我国著名高校大都实行导师制。学术导师在帮助学生制订学习计划、指导学生学习方法、与学生相互沟通和交流等方面发挥作用，帮助学生养成良好的学习习惯、科学地制订计划及缓解学生学习压力等，为创新型人才培养打好基础。导师制作用发挥不理想的原因：第一，我国传统思想仍根深蒂固，学生普遍对教师存在畏惧心理，敬而远之，使得师生沟通度不够。第二，部分教师限于自己身份，主动与学生交流的主动性和积极性都不强。第三，高校没有出台学术导师的相应规定及对学生的指导，使学术导师制在我国多数高校流于表面，未能体现设置导师制的真正作用。

3. 本科生科研动手能力弱、科研机会少

在本科生科研方面，著名高校为学生提供了高水平的实验设备，并配备了相关的师资。学生可以根据能力和专业申请校内组织的科研立项，此外，还可以跟随导师完成科研项目。理工科学生在毕业设计时要求独立完成。通过学生独立或参与科研项目，使学生了解科研方法和科研精神，学习创新型人才所必需的科学态度及科研素质。

但我国高校的科研对学生年级要求严格，大多数实验室和科研场所只对高年级学生开放，同时对学生的文化课成绩要求严格，造成高校学生为应付文化课考试消耗过多精力，科研机会少、科研动手能力不强，还有些高校只在学生做毕业论文或毕业设计时才允许学

生进入实验室，不利于学生创新能力的培养。目前我国本科生科研能力差的原因：第一，我国多数高校现有的科研能力有限，科研水平未能达到国际水平，科研设备未能达到能提供给每名学生的条件。第二，由于我国的学生质量保障要求对科研能力没有明确的要求，所以高校对培养大学生的科研能力的积极性不高。

（五）部分高校教师对科研热情不高

高校作为传授和创造知识的场所，教师本身就肩负着科研的重任，我国也不例外。我国高校的教师科研虽然没有美国"不出版就死亡"的规定，但高校教师是否有科研成果仍然作为教师评价和晋升的重要指标，间接地促进了教师科研的积极性。我国教师的科研能力与科研积极性较过去十年有了很大的提高，但对教师或教授的科研没有硬性规定，相当多的教师在晋级后对科研积极性和热情不高，科研成果少，间接地导致学生的科研能力不足。我国部分高校教师对科研热情不高的原因有二：第一，高校对教师的科研成果没有硬性地要求教师在规定年限内达到规定的科研水平。第二，我国高校教师晋级后，基本再无科研成果要求。

（六）创新教育制度保障体系不够完善

1. 教学质量保障体系检验形式单一

我国对高等教育质量的评价主要是通过教育部组织的全国普通高校本科教学工作水平评估进行的。"我国的本科教育评估起步于20世纪80年代中期，90年代中后期，教育部先后启动合格评估、试点教学优秀评估、随机性水平评估。""2003年，正式建立了五年一轮的周期性教学评估制度。2004年，高等教育教学评估中心成立，教学评估工作规范化。高校教学工作水平评估的目的是通过评估加强和改善对高校教学工作的宏观管理与指导，推动各级教学主管部门重视和支持高校教学工作，促进高校提高办学质量。其原则是'以评促建，以评促改，以评促管，评检结合，重在建设'。"但我国对高校教学的质量保障体系过于单一，基本局限于国家教育主管部门每隔几年的教育评估。

近几年，我国高校教育评估已由原来的整个大学为评估单位转为以学科为单位，增加了评估的精确性。造成我国高校质量保障体系检验形式单一的原因是，我国针对高等教育的多侧面、多维度的质量保障体系相对匮乏。

2. 学分制与选修制的实施效果不理想

学分制在我国实行比较早，但在近百年的时间里，又几经起伏。早在1918年蔡元培任北京大学校长时，就实行了"选科制"，东南大学等大学纷纷效仿。在中国近代历史上具有重要意义的1922年颁布的"新学制"规定大学采用"选科制"和"学分制"，以此强调"谋个性之发展"。一直到新中国成立初期，全国高校基本都在实行学分制。新中国成立后，在1952年的全国院系调整中取消了学分制。1985年颁布了《中共中央关于教育体制改革的决定》，明确指出要减少必修课，增加选修课，实行学分制。之后，全国各高校纷纷实行学分制。但当时我国高校实行的学分制是学年学分制,并且选修课内容不够丰富,大多数还是围绕所学专业设定选修课,课程知识面狭窄。由于有修业年限的限制,学分制中最具特色的弹性学制在我国难以体现。自 20 世纪 90 年代开始,我国高校开始逐步完善学分制和选修制,实行了弹性学制,允许延长修业年限;减少必修课数量和学分,丰富了选修课程。由于对学分制和选修制认识片面和期望值过高,学分制和选修制在我国推行得一直不理想。

五、美国高校创新教育对我国高校培养创新人才的经验借鉴

(一)社会观念的转变

在知识经济时代,不仅要鼓励创新,还要提高人的综合素质,特别是培养有利于创新的心智。创新教育面对的首要压力是来自传统的社会观念,社会观念的转变有利于形成真正鼓励创新的良好氛围。创新是突破已有范式,提出新思想、新方法的智力活动,创新教育要培养出富有创新精神和具备创新能力的人才有必要改变一些不能适应创新教育要求的传统社会观念。首先,要立足于创新,改变崇尚权威、崇尚经验的传统观念,鼓励学生敢于发问、敢于质疑。美国创新教育的经验已证明,质疑是创新思想的重要来源。敢于发问和质疑就是要鼓励学生对未知的领域保持求知的欲望,并通过自身的探索解决问题。我国学生在世界的数学、物理等学科奥林匹克竞赛中总能取得骄人成绩,但在过去的一个多世纪里,除了几位华裔科学家获得诺贝尔奖外,中国内地却没有一位科学家获此殊荣。这其中一个很重要的原因在于,我们总在解题,并善于解难题,但不善于思考假说和猜想,最终难有开创性的研究和成果。其次,要培养人的综合素质。美国的大学不论是在人才的选拔过程中还是在后来的培养过程中,都十分注意人的全面发展。综合素质的提高,不仅可以培养学生的发散性思维,也有利于改善人的心智,提高情商。实践已证明,开阔的学术视野可以激发创新的灵感,而高智商、低情商的人则难以适应当今社会日益严峻的竞争压力与越来越紧密的团队协作要求,更谈不上创新。

(二)改变传统的教育理念

面向创新的教育,应该从教人知识转向激发学生的求知欲望,并运用现代信息技术提高知识流动与获取的效率。在信息社会,信息量巨大,流动速度极快,传统的知识传授方式正面临着前所未有的挑战。传统的教育理念强调通过背诵实现知识的继承与积累,美国大学在 20 世纪之前主流的教导方法也是背诵和复述。随着 19 世纪中期德国的研讨会传入美国,1904 年,以讨论为代表的研讨式教学方式被引入哈佛大学的课堂,之后,这种教学模式逐步取代了传统的教学方法。哈佛大学通过苏格拉底式教学激发了学生的创新性思维,而以麻省理工学院为代表的高校提供的开放式课程则为学生提供了高效获取知识的场所。丰富多样的教学模式在知识传递的基础上,促进了学生综合能力的发展和提高。新的教育

模式不但成就了这些大学今天的显赫地位，也成就了美国的科技创新实力。面对来自全球创新的挑战，教师有必要逐步在教学过程中引入新的教育理念，激发学生的求知欲望，促使学生主动获取知识，为创新储备能量。

（三）改变相对单一的人才评价和选拔机制

传统的人才评价和选拔标准相对单一，这既不利于人才的选拔，也不利于形成正确的成才观。一方面，要改变仅以分数论英雄的评价和选拔机制，实现人才评价和选拔标准的多样化，要建立以综合素质为考核目标的评价和选拔机制。传统的评价和选拔方式，以考试为基础，特别是在标准化的考试中，学生不得不以课本为"标准答案"，这严重制约了学生的创造性思维。而对社会实践方面考核的缺失，又可能出现高分低能的情况。社会实践是学生社会化的重要途径，在社会实践过程中，学生不仅可以将理论运用于实践，使理论不再枯燥，更能开阔学生的视野，培养学生良好的心智，形成富有创新精神的人格。另一方面，社会要形成多样化的成才观。目前，社会常以一个人的职业成就或经济地位衡量一个人是否成才、成功，这将从社会价值观和个人理想层面上阻碍创新，极不利于创新型人才的培养。多样化的成才观就是要鼓励学生依托个人兴趣，在不同领域为社会做贡献，即凡是对社会和人类有贡献的人，就是成才之人、成功之人。创新需要去探索未知的领域，比如新的商业模式的发现或创造，必然要突破人们的固有观念，社会应该形成敢试的氛围，只要是基于个人兴趣，符合社会发展客观规律的创新都应该去试一试。

（四）教师通过科研引领学生创新

科学研究可以让教师站在学科发展的前沿，科研活动也可以教会学生基本的科学方法。首先，教师积极从事科学研究是适应从传统教育向创新教育转变的必然要求。教师在转变传统的教育理念，实施苏格拉底式问题研讨教学法的过程中，不得不面临各种不同问题，这不仅要求教师拥有扎实的理论功底，更要求教师熟悉和了解该领域的前沿知识和研究动态，即知道哪些是热点的问题、哪些是未解的假说。同时，教师还要尊重科学精神，知之为知之，不知为不知。对于自己知道的，要能从不同理论角度引导学生去思考；对于自己未知的，要鼓励学生去探索。其次，教师引导学生从事科研活动不仅能增强学生的动手能力，更能教导学生学会基本的科学方法。我国已有一些大学意识到了本科生有必要尽早参与科研实践，并设置了科研助手岗位，组建了本科生创新团队或创新基地，让学生通过为教师做科研助手或参与数学建模、机器人大赛等活动实践科研。这些尝试是对创新教育的有益探索，但存在两个问题：一是参与的人数较少，未能包括大多数学生，而美国的 UROP 可以让大多数学生参与其中，比如麻省理工学院 80% 的学生有参与 UROP 的经历。二是学生参与的科研是命题式的，未能真正激发出学生内心的创新激情。不论是科研助手、数学建模还是机器人大赛大多是老师出好了题目，让学生在课余时间发挥自身专长来解答，这不利于学生创新思维的培养。

UROP 则是学生根据自己的兴趣寻找题目，并提交项目申请书和经费预算，这更有利于激发学生的创新能动性，真正参与到科研活动中。

第二节　我国高校创新教育机制的建构

一、高校创新教育机制的构成要素探析

实施创新教育，培养创新型人才，是增强国家自主创新能力、建设创新型国家的必然要求，是当代中国高等教育最重要的历史使命。构建创新教育机制，是实施创新教育的必然途径。系统论告诉我们，系统是由有秩序、有组织、有结构的系统要素构成的。这些系统要素之间是一种有机的结合。所谓有机结合是指系统要素构成是按照一定规律相联系和组合的。只有把握系统的要素构成，才能最终收到整体大于部分之和的最佳系统运行效果。因此，准确地把握创新教育的构成要素对于创新教育机制建构，有效推进创新教育具有重要意义。在创新教育视域下，创新教育机制主要由以下几个要素构成：

（一）确立创新教育理念是核心要素

实施教育创新，培养创新型人才，没有创新教育的理念，不可能有创新教育的机制建立与实施。创新教育的本质，是以继承知识为基础，以发展为目的，培养具有创新精神和实践能力的创新人才，这就是要从确立的教育目标上实现从"以知识为中心"到"以能力为本"的教育思想的根本转变。人才培养规律告诉我们，必须实施人文精神与科学精神、通识教育与专才教育相结合，而教育过程与结果都应以能力培养为目标。

在科学迅猛发展、知识经济到来的今天，许多国家已经把改革着眼点放在培养学生能力上，20 世纪 90 年代以来，日本提出教育目标中要突出健康的个性和独立能力。俄罗斯新时期教育培养目标强调学生创造性和应变能力。1991 年美国劳工部提出了《美国 21 世纪事业对学校的要求》咨询报告，把 21 世纪培养目标具体化为"三大基础，五种能力"。

1. 三大基础

（1）能力基础：读、写、听、说，完成一般数运算；

（2）思维基础：创新性思维，会决策，想象和解决问题，能学习新知识和推理等；

（3）素质基础：有责任心、自尊心，善交际，自律正直和诚实。

2. 五种能力

（1）资源统筹能力，包括合理统筹分配时间、财力、物质和人员的能力。

（2）善处人际关系与他人合作能力，包括团队精神、领导能力、服务能力、谈判能力、适应能力。

（3）获取信息的能力，包括获取评估信息、组织、保持信息、选择交流信息，如利用电脑处理信息的能力。

（4）系统运作能力，包括人事系统、监控系统运作、改进设计系统能力，要求能系统理解复杂事物之间的关系。

（5）利用多种科技手段进行工作的能力，包括选择科技、应用科技的能力。我国在《中共中央国务院关于深化教育改革全面推进素质教育决定》中明确做出回答：素质教育要以培养学生的创新精神和实践能力为重点。在创新教育中，知识是重要的，更重要的实现个体发展的能力和形成创新精神、实践能力的基础。

（二）培养创新型专业化师资队伍是根本要素

创新教育呼唤创新型教师，必须建立创新型专业化的教师队伍，对教师来说是一个根本性的变革。原中山大学党委书记李延保指出，大学的教育教学工作是具有教师个性特征的创造性工作，大学的教育教学改革必须动员全体教师认真对待、积极参与，才能真正取得成效。有激情的教师才能带出有激情的学生，有创新性的教师才懂得如何培养学生的创新性。因此，创新型人才培养的关键在教师。联合国教科文组织编写的《学会生存——教育世界的今天和明天》对教师的角色做了定位阐述：教师的职责表现在已经越来越少的传递知识，而是越来越多激励思考；除了他的正式职能以外，他将越来越成为一位顾问、一位交换意见的参与者、一位帮助发现矛盾论点而不是拿出现成真理的人。西方学者拉赛克在对未来师生关系的预测中说："由于学生积极参与自学过程，每个学生的创造性都受到重视，指令性、专制性的师生关系将难以维持。"这些表述，反映了我国现代教育差距，更多反映了高等教育的走向，正是创新教育追求的价值目标和价值观念。创新教育需要创新型教师，应该帮助学生在自学的道路上迅速前进，教会学生怎样对付大量信息，更多的是一名向导和顾问，而不是机械地传递知识的简单工具。教师是创新教育的实施者，必须确立创新教育理念，从传统的教育思想中解放出来，在对学生传授知识的过程中，重在对学生能力培养、激发潜能、培养创新意识和创新精神，要克服制约学生创新能力发展的教学方法，启迪科学思维和求知欲，注重学生个性发展。

（三）实施启发式与讨论式教学方法是关键要素

教学方法是衡量教育性质的重要尺度，反映了制度文化层面的深刻背景。我国传统的以知识传授为主的教育方法，是重演绎推理，验证式教法，即求证和推理事物一般性特征，造成学生思维的直线上升，妨碍学生思维品质优化，不利于学生独立性和创造性发挥。而归纳推理的教学方法，即由特殊事物的归纳推导出一般原理的解释方法，可以使学生产生思想的飞跃，得出规律性的认识，又能充分发挥学生学习的积极性、主动性和创造性。构建有利于自主学习的环境氛围，其教育方法的基本表征就是讨论课，包含了我们一贯倡导的启发式、互动式的教学方法。一些西方发达国家高等教育，讨论课教学方式源远流长，在大学教育中有着重要地位。李强在《大学理念再思考》一文指出："大学不同于其他类型的初等、中等或高等教育的特征之一，而在于大学是由教师与学生组成的共同体内部，教师与学生进行知识交流与思想碰撞，这对大学是至关重要的。"由此才可以理解，19世纪中后期，西方国家纷纷效法由德国教育家洪堡创建的现代大学模式时，一些赴德留学的美国留学生从德国学到了授课制度、实验室制度、博士学位制度的同时，还学到了"讨论课"制度，从而对美国大学进行了改造，时至今日，美国评估教学质量，在课堂评估方面内容中第六条规定：鼓励全体学生参加课堂讨论，辨析评判各种观点，分享各自知识经验和感悟，而且在授课前准备中，要确定课堂讨论题目。而中国教育正是缺乏这一点或者与这一点接近的教育方法。在大学教育中，师生之间的人际交往、思想碰撞和相互合作，是促进学生发展和专业成熟的最重要的条件。美国著名大学能培养出众多创新性人才，他们一直严格坚持在讨论课中、师生共同交流、共同探究的教学原则是重要因素之一。

（四）建设培养实践能力和创新精神的实践平台是保证要素

通过教育培养大学生的创新精神，必须由学生主体的内化掌握所学知识，而知识必须转化为创新精神和实践能力，只有通过实践的检验，才能称为真正的创新能力。以"知识为中心"向"能力为本"的教育价值观念的转变，更突出了实践环节的重要性，就全省高等教育而言，各类大学都在不同层次上建设创新基地，如国家实验室、国家重点试验、省部级重点实验室等，有的已经纳入国家或省部创新体系之中，在学科领域和学科建设上产生一大批科学发现和技术发明的原创性成果，尤其在高新技术的前沿问题研究上培养了一批高层次的创新人才。然而，由于高等教育大众化的到来，市场经济的功利原则，出现高校基础设施投入不足，社会实践基地成本增高，造成了人才培养实践环节的瓶颈。正因为对创新精神和实践能力为重点的创新型人才培养的价值追求，建设创新教育实验实践平台，成为一种必然的选择。自从香港理工大学首创工程培训中心的新模式以来，首先被清华大学、华南理工大学仿效，而后，黑龙江工科高校和全国高等院校普遍学习这种工程训练中心模式，进行投资建设，集社会实践和教学实验功能为一体，以大工程教育理念为先导，充分利用时间和空间，最大限度利用教育资源，全天候、全过程、全开放进行工程训练、工程实验、工程创新等不同层次的实践能力锻炼。可倡导学生跨专业、跨年级、跨时空自由组合、自主开发、自主创新，使学生获得更多独立思考和个性发展空间，体验新过程，激发创新热情，树立创新意识，从而培养创新精神和创新能力。

（五）建构科学精神与人文精神结合格局是结构要素

创新人才的培养对教育的知识结构要求是文理渗透、理工结合的科学精神与人文精神并重的教育，更能造就一个人的创新精神和创新人格，从而形成人的创新能力。科学教育可以使学生认识客观世界及其规律，知道怎么做，掌握改变世界的工具。而人文教育作用于人的心灵，让学生知道应不应该去做、以什么精神去做，更具有认识、服务社会的视野和责任感，更能激发人的创造潜能。人的创新能力与掌握知识多少虽在一定条件下并不成正比，但离不开合理结构的知识基础，这种知识是能够应用，能够创新的结构化、功能化的知识，而不是僵死的知识。如英国哲学家怀特海指出："要使知识充满活力，不能使知识僵化，这是教育的核心问题。"回答破解这个核心问题，就是人文精神的教育，人文精神是人类先进文化的精髓，反映着人的自身发展为中心的社会要求和价值取向，体现了人的理想、信念、道德、情感等精神方面的追求，是实现人的生命价值的所在。人文精神对人终极关怀的根本特征是引导人的全面发展，关注人的独立意志和自由精神，表现为不懈追求的、永远不满足现状、不断提出的创新精神。韦克斯勒曾收集了众多诺贝尔奖获得者少年时代的智商（IQ）资料，结果发现，这些获奖中大多数不是高智商，而是中等或中上等智商。西方心理学者巴伦以不同领域的科学家为对象，连续20多年研究发现，创新人才共同特质如下：高度的自我力量和情绪的稳定性；独立自主的强烈需要；控制冲动的高水平；超常智力；喜欢抽象思维；对矛盾和障碍表现出极大兴趣等。

（六）先进的文化校园建设是环境要素

教育部副部长赵沁平在2006年3月记者招待会上，回答我国的大学自主创新能力弱的原因时说："更深层次的问题，就是有利于人才培养创新型人才成长和有利于科技创新的文化环境"，"现在大学的人才培养基本上还是以教师为主的知识传授型文化，而科技基本上还是消化吸收，跟踪追赶型文化"。可以清楚地看出，从不同角度对文化进行表述中，指出了"创新人才"对文化环境的客观要求。美国教育家雅斯贝尔斯在《大学理念》一书中指出："真正的大学需三个部分组成，一是学术型教学，二是科学与学术性研究，三是创造性文化生活，三者密不可分，分则必归衰退。"揭示了大学创新教育需要的文化环境的本质，即创新性，贯彻渗透在物质、精神、制度、行为等教学、科研、校园文化的各个方面，创新性文化建设，需要宽松、宽厚、宽容的自由学术空间，大学作为科学殿堂、精神家园，核心是学术自由，并以此催生与时俱进的大学精神，才能使大学生始终沐浴在学术性教育、科学与研究的学术氛围、创新性文化的陶冶之中，使创新教育源源不断地向社会输送各种类型的创新人才。

（七）现代大学制度是决定要素

美国斯坦福大学社会学博士理查德·斯格特说："制度是社会结构，它们具有很大的弹性，由文化认知、规范和规则要素构成。"制度建设构成了高校教育的正常秩序和发展的基础。文化认知、行为规范、规则的要求的程度高低，三个要素之间互相依存的程度，以及某一要素对三个要素的功能产生的影响，都将说明制度建设的价值选择或价值走向。例如，文化要素中是否具有先进的教育理念而构筑的先进的教育模式？从而形成了人们实施创新教育的行为规范？能否对创新教育机制提供制度保证？对传统的和现存的大学制度的深刻变革，等等。说明现代大学制度建设对创新教育具有决定性意义。

二、高校创新教育机制建构途径

高校创新教育是以培养学生的创新精神和创新能力为基本价值取向的教育，即通过培养学生的创新意识、创新思维、创新技能、创新情感和人格，使其成为对社会做出极大贡献的创新性人才。实施创新教育是高校的历史使命。建构创新教育机制，培养高质量的创新型人才，成为高校当前一项紧迫而重要的任务。

（一）建立现代大学制度：创新教育机制的制度保障

建构创新教育机制是现代大学制度的重要内容。知识经济时代的到来到来和全球化趋势，更紧迫地需要创新型人才。然而，不完善的大学制度，成为创新人才培养的桎梏。传统大学制度强调共性特征，淡化个体的作用。而现代社会最重要的特征是个体意识的觉醒，是特立独行的个体对其权利的追求与义务的承担，强调个体利益与社会、集体的相融性，建立与个人理性为基础的个体利益与社会、集体利益相协调的利益机制。现代大学制度建设，是相对我国传统教育制度，尤其是相对计划经济体制下的大学制度而言，现存的大学制度有深厚的传统文化特质。大学作为学术组织，不同于一般的社会组织。自有大学以来，大学制度基本理念是大学自治和学术自由，构成了维系大学制度的基本内涵，并延续了大学这一特殊机构的生命力和活力，为现代大学制度建立奠定了坚实基础，在这一基础之上建构的大学组织的结构化和制度化，一方面形成了维护组织运行和内部秩序，更重要的是营造了良好的学术氛围和建立激发机制，从而保护了大学自治和学术自由。苏志武等在《论现代高等学校管理》中说，我国具有中国特色的现代大学制度应该是：在政府宏观管理和学校党委领导之下，以大学自治、学术自由为根基的教授治学、校长治校，政府宏观管理和学校党委领导，这已经是有法律保障的。大学自治和学术自由是大学的传统，也是大学理念和精神。这种原则表述是正确的，但建设的目标由理念到实践、由文化认识提高到转化制度生成，则是任重道远。

（二）创新管理体制：创新教育机制的体制保证

宏观层面，高校管理体制就是政府、社会和各级各类高等学校之间的相互关系和他们的组织运行方式。微观层面，是大学内部管理体制，是学校内部领导分工、机构设置、管理权限及相互关系的根本组织制度。管理体制创新的根本目的，是有利于大学自治、学术自由的基本原则得以贯彻，有利于创新教育机制建构。从根本上创新管理体制，应采取以下四项措施：

（1）政府应进一步下放权力，扩大高校办学自主权，精简机构。大学既然是法人实体，必须享有民事权力，独立承担民事责任。同时，政府应实现管理到服务角色转变，给学校自我约束、自我发展创造更大空间，使教育工作者在繁忙的应酬中解放出来，静心管理教学，潜心研究学问。

（2）在现行管理体制中，强化科学管理。现行管理体制必须用专家队伍进行科学管理，坚持行政权力与学术权力管理的有机结合。在大学应建立"校长治校""教授治学"体制，在学术评议、审议、决策咨询、学术的重要决策中，或在学校发展重大问题上，进行学术型论证，维护学术尊严，使学术权力和学术权利达到和谐统一。

（3）建立现代大学制度的经营机制。面对巨额资金管理运行，没有成本管理的效益分析，显然是非理性的。高校要实行经营理念，并非是要追求"利润的最大化"，而是通过成本管理，把握经济脉搏，有利于科学决策，有利于规避财务风险，有利于高校健康发展。

（4）在现行体制中改革干部管理机制。在干部遴选机制上，按照党管干部原则和干部标准，都不应离开其学科背景和学术环境。因此，遴选必须经过"教授会"和"学术专家委员会"或更大范围民主推荐，彻底改变官本位弊端。

（三）建设文化校园：创新教育机制的环境保障

创新教育的价值取向，是以知识为基础、全面发展为目标的创新人才培养，本质上是追求创新教育的大学文化氛围，即大学文化的整体性和系统性，它渗透于大学的物质、精神、制度、行为的各个方面。

为了建设大学校园文化，要倡导学生文化自觉，在文化育人功能高度上促其文化觉醒，自我认识文化的地位、历史，自我提升文化的创新与包容。费孝通说："文化自觉是指生活在一定社会中的人对其文化有一种'自知之明'，明白它的来历、形成过程，所具有的特色和发展的趋向……"费孝通所言及的文化、阐述的民族文化，以及如何走向世界的大文化概念，我们论及的文化，是依附社会主导文化，而又衍生于社会主导文化，针对大学特殊群体的一种文化。所以我们倡导文化自觉，是要形成人们的共识与觉悟，使其觉悟到文化的作用；其目的是取得在文化转型或变化的自主能力，进行正确的文化选择、文化传播与文化创新，从而提高大学文化的育人功能。可以说，大学文化建设必须立足于人们的文化自觉，人人成为文化的传播者、创新者，着眼于整体建构，在精神文化、物质文化、制度文化、行为文化等多方面，渗透在教学、科研、课内、课外一切实践环节，使科学与人文同重、融合、交流，使大学文化有着更深层次的文化底蕴、浓郁的文化氛围，使学生处在文化熏陶之中，促进学生成人成才，正是大学文化的育人功能。

（四）建立评价机制：创新教育机制的效果保障

创新教育作为一种教育理念，一种人才培养的教育模式和教育创新的发展目标，必须建立一种多元评价机制，才能使创新教育有实质性建设发展进程，才能实现创新教育的价值追求。现在国家对高等教育实行的五年轮回式教学工作评估，对于建立起人们希望出现的新的创新教育人才培养模式，却还没有明显的整体性成效。目前的教学水平评估，侧重对学校设施、师生比、图书数量、占地面积、人均费用、教师学历水平等办学条件的硬件的考察，在对学生发展、校园文化建设等软指标方面考察关注不够，缺少对人的价值、需求和发展的关注，没能体现学生经过四年的学习，提高程度的测量。创新教育评价应该由政府、社会、学校三个方面的力量进行，从不同侧面实施，从增强大学独立办学的能力来说，政府应该把精力主要放在少量重点大学身上。就一般高校而言，创新教育评价一方面要接受社会力量的中介评价。因为高校作为独立办学实体，应当受到社会监督的评价，但必须有合法的资质地位。同时也应有自己的评价机构，建立专家、学者为主体的指导委员会或评价委员会。不能是临时机构和临时性人员，应是主管校领导、部门领导常设的组织机构，是学术权利和行政权力结合的管理机构，旨在动态管理中总结发现其规律性，不断促进教学质量提高。可以对教师水平教学质量形成完整性结论，对评选不同荣誉级别的教师有学术权力管理终裁权，也可根据效果对教学内容进行设计，对学科、专业的设置，以及基础设施、教育环境提出调整与建设意见。

三、中国当代高校教育运行机制现状分析

当前我国正在深化高等教育改革，高等教育改革是一个多方位共进的过程，有的学者将它归纳为六个方面：高等教育管理体制改革；高等教育教学改革；建设高水平中青年骨干教师队伍；改革普通高等学校招生考试制度；实施"新世纪高等教育教学改革工程"；以及贯彻改革开放方针，不断加强和扩大国际交流与合作。"十五"期间高等教育改革和发展的主要目标和任务是加快高等教育事业发展，调整教育结构，适应现代化建设需要，坚持制度创新，不断改革和完善教育体制和运行机制，大力推进高等教育信息化建设，努力实现跨越式发展，切实提高教育质量。

我国的高等教育改革最初始于20世纪80年代中期，由原先计划经济的教育体制，逐渐转向适应社会主义市场经济的教育体制，到20世纪末，基本实现了新旧体制的转轨，但这并不意味着高等教育体制改革的任务已经完成，因为新体制的建设和完善是一个长期的过程。当前高等教育改革面临的新任务是在体制转轨的基础上着力于制度建设和体制创新，走一条改革创新之路，这是我国当前高等教育实现跨越式发展，跃上一个更高发展平台，获取更大发展空间和潜力的必然选择。然而，我国的高等教育创新改革，走过的道路并不十分顺畅，成效没有预想的显著。我国高校创新教育的机制性障碍主要表现在以下方面：

（一）理念跟不上时代发展需要

教育界对创新教育的重视程度不一是影响创新教育实施效果的首要问题，20世纪90年代，我国的教育开始实现应试教育向素质教育的转变，中央明确指出素质教育的重点是提高学生的创新能力和实践能力。从中央到地方的教育研究部门，对创新的意义、内涵、教育模式、教学方法等做了许多探讨，但这种探讨对基层高校的实践影响不够、指导不够，许多基层的教学单位，尤其是教育的一线实践者——教师，创新改革的意识不足，部分教师仍抱着原有的教材、讲稿，按照既定的模式、方法照本宣科，在今天的课堂里用昨天的知识教授明天的学生。似乎教育界的各种讨论和呼声只是教育研究专家的事，与自己无关。

国家调整教育方针，提出新的发展方向，好像只是政府行为，教师照旧上课，行政人员照常上班。这就造成了上面紧锣密鼓，下面不动声色；上面兴师动众，下面风平浪静；上面兴衰存亡，下面按部就班的不正常局面。江泽民同志曾指出："国运兴衰，系于教育，教育振兴，全民有责"，"我们必须把增强民族创新能力提高到关系中华民族兴衰存亡的高度来认识"。所以，整个教育界只有实实在在地议创新、论创新、思创新、想创新、勇于创新、敢于创新，只有从上到下、从中央到地方、从行政部门到基层高校，都能朝着同一个既定目标，勤于实践，勇于开拓，创新教育才会不是一句口号、一种呼声，而真正成为一种行动、一种过程。

（二）创新教育制度保障因素缺失

评价制度和方式单一化是制约高校创新教育发展的瓶颈。评价方式和评价标准不仅是教育质量的衡量尺度，也是整个教育内容、教学方式的导向，有什么样的评价方式，就有什么样规格的"产品"。现行高校对学生的评价方式仍然留有非常深重的计划经济时代的印记，重知识评价、轻能力评价的倾向仍较为明显。考题标准化，答案唯一化，限制了学生的思维。学生按教材的讲述或教师的讲解背诵，缩小了学生自由想象和发挥的空间。有的高校为了考查教师是否按书本讲授或按提纲讲授，采取"教考分离"的命题方式，更加造成了教师的照本宣科，不敢有丝毫的创见。表面看这是在严格考试质量，其实仍是重知识轻能力的应试观尚未扭转。这种机械的考试方式，排斥一题多解，拒绝发散思维，扑灭批判精神，扼杀怀疑品质，窒息想象力，禁锢创造力，真是得不偿失。常规的评价方式缺乏对学生综合能力的测试与评定，缺乏对口头表达能力、实际操作能力、发现思维能力等的检测，更少有对学生非智力因素、人格、道德情感因素的培养与考查。常规的评价方式偏重于对学生的考核，而缺乏对教师的知识传授方式、教学组织方式、师生交流以及创新精神和能力的考评，这一切，都将成为高校创新教育实质性推进的瓶颈。

（三）现实教育技术匮乏

这主要表现为高校教师自身创新素质的匮乏，创新教育的内容与方法，主要因素是高校教师素质问题，它造成了创新教育实施的障碍。美国心理学家托兰斯研究发现，教师的创造性与学生的创造力呈正相关。实施创新教育，关键在教师，关键在提高教师自身的创新素质。传统教育以课本、大纲为中心，以知识、学问为本位，以教师讲授为主要方式，注重的是知识的传承，学生听话顺从、专心听讲、仔细笔记、认真作业、考试分数高就是好学生，这样的质量观仍然为多数教师和管理者所奉行。在课堂上，时间被大量的知识灌输挤满，很少留给学生独立思考和提问的时间，培养出的学生成为知识的仓库，高记忆力、低创造力。由于以知识学问为本位的价值倾向，教师较多地注重自身知识的积累与丰富、学问的厚养与蓄积，却较少关注教学的方法与艺术，讲课方法缺乏新意，一本讲稿、一支粉笔、一张嘴巴，偶尔提问，即使提问也基本上是沿着预定的线路进行，侧重于趋同思维，教学重点放在讲解、说明基本事实上，不注重创造性的激发。传统中教师固有的威严使得师生关系融洽不足、紧张有余，难以形成有利于创造性培养的民主、平等、宽松、和谐的课堂氛围。教师自身创新素质的匮乏，尤其是缺乏培养学生创新思维所需的技能，缺乏创新培养的道路，形不成新的教育观念与方法，造成了创新教育实施的滞障。

当然，应该说，对于高校创新教育实施过程中以上问题的造成，无论是对创新教育的认识程度不一也好，对学生的评价方式单一也好，抑或是教师自身创新素质的高低，并不能完全归咎于高校或高校教师，教育方针和目标必须要从培养方案中体现出来，必须要变成切实可行的、可操作的要求和条文。高等教育质量是一个多层次、多维度、不断发展的概念，正如英国学者 John Sizer 和 Diana Green 所指出的，高等教育质量是一个多维的、不断变化的概念，它通过一套多维的指标体系来衡量一所高校的表现，在本质上是具有满足个人、群体和社会显性或潜在需求能力的特性总和，往往通过受教育者、教育者和社会发展所要求的目标、标准、成就和水平等一套绩效指标体系表现出来。所以，要改变这种状况，光靠学讲话、听报告是不够的，应有具体实在的教育目标、教育模式、创新激励机制等改革举措。需要有教育研究部门研制出创新人才的可操作性的具体要求，并且不同层次的学校应采取不同的方式和手段分别达到不同的培养规格，使培养创新人才成为每一个教育工作者明确而具体的任务，这样才能充分调动与激发各级各类学校创新教育组织者和实施者的积极性和主动性，确保创新教育在基层的推进不出现真空。

四、构建"三维结构模式"的高校创新教育运行机制

（一）高校的创新教育理念是创新教育运行的先导

"理念"一词最早见于哲学领域，一般指人对事物的理性认识，它是观念的深刻化。教育理念就是人们对教育的本质特点和基本规律的认识和把握，是教育教学行为的依据和指南。创新教育理念是一种全新的教育理念，是对传统教育理念的超越，它摒弃了传统教育中崇尚经验、崇尚权威的观念，主张敢想、敢做、敢闯，针对新情况、新问题，能不断提出新思想、新方法。高校创新教育是大学生全面素质教育的具体化和深入化，其实质是以加强学生的创新精神、创新能力和创新人格的培养为基本价值取向的一种高等教育模式。

思路决定出路，观念决定行为。作为开展创新教育主阵地的高校，必须具备科学的创新教育理念。观念的力量是十分巨大的，它既可以阻碍社会的变革，也可以把社会推向前进，其分野就在于人持何种观念，即何种思想占有思想主体。观念是行为的先导，有什么样的观念就有什么样的行为，没有思考的创新就不会有行动的创新。只有创新教育理念潜移默化于每一个载体，才能指导和激励他们将创新教育寓于实践中去。高校创新教育事业的兴衰，首先在于创新理念是否确立，以及理念与载体是否良好结合。不能树立创新理念或理念与载体相脱离，都会导致高校教育事业陷入一潭死水。21 世纪是以创造为特征的世纪，是一个充满未知的时代，也将是揭开众多科学奥秘的时代，适应这样的时代需要的人只能

是那些具有创造力的卓越人才，这些人也唯有通过创新教育才能培养。担当这一历史重任的高校，要有大胆的改革精神，不破除旧的教育理念和模式，新的教育理念和模式就确立不起来。高校确立并强化科学的创新教育理念，应重视培养以下几个方面的观念：

1. 人才培养人本化的理念

创新教育的人本化，是创新教育的核心所在，也是创新教育的功能体现。教育人本化就是要坚持教育以人为本，以人的发展为本。"以人为本"，是相对于以"物"或"非人"为本而言的。以他物为本的教育由来已久，在中国漫长的封建社会，占主导地位的教育是官本教育，是以功名利禄为本的教育，"学而优则仕""书中自有黄金屋，书中自有颜如玉"，是其真实的写照。这种教育价值观对中国的教育影响至深，绵延至今。在现实教育中，分数、名次、文凭、学历、职业、待遇等"身外之物"，仍是比人自身完善更为重要的目的，是人艳羡、膜拜、追求、信奉和竞争的对象。选拔性考试只认分数不认人，人员录用过重学历不重才的现象比比皆是，这种做法显然与教育的初衷是相违背的。应该看到，以谋生为目的的教育发展为以人的完善为终极目的的教育正逐渐成为社会发展的必然，创新教育正是针对功利教育这种根深蒂固的短视，力求超越眼前的困境，追求富有人性的价值目标，它不仅要把受教育者培养成能为社会发展做贡献的劳动者，更要把他们培养成真正意义上的人，"教育回到人本身"，这是人本化教育理念的目标、宗旨和任务。

2. 人才培养模式多样化的理念

要实践创新教育，必须推进人才培养模式的改革，树立多元人才培养观，采取多样化的培养方式，因材施教，为创新人才成长创造良好的环境及条件。高校可以实施立体式的课程体系，按一级学科和学生的共性要求构建公共基础课程一级平台，按二级学科构建学科基础课程和专业基础课程二级平台，按专业方向设置专业课程三级平台，加强基础性，突出针对性，为培养学生创新能力打好坚实的基础；教学计划上，可进一步优化，压缩课堂学时，增加课外学时，减少必修课，加大选修课，为学生提供更多的选择机会和灵活自主的学习空间；重视学科的交叉渗透，加强人文素质教育，增加开设相关选修课程，为学生的创新活动提供深厚的人文底蕴；实施主辅修学习制度，加强复合型人才培养，鼓励学有余力的学生跨学科、跨专业修读辅修课程、辅修专业和第二学位专业；实施第二课堂培养计划，将第二课堂开展的思想教育活动、科技创新活动、文化体育活动、社会实践活动等纳入创新人才培养体系，使课内培养与课外培养相结合，全面提高学生的创新能力和综合素质。这种立体式的人才培养模式，其最大的特点和优点在于，教育广泛性和针对性的结合、基础性和发展性的结合、共性和个性的结合，而最终突出的是教育的创造性。

3. 教育管理服务人性化的理念

高校的教育教学管理服务部门，要按创新教育的客观规律，主动适应新情况，在教学管理服务的观念和行为上，要能与高校创新教育机制的需求相匹配。管理机构、服务机构应是精干、高效、求真、务实的机构，其职能主要是在教育教学的宏观管理和人性化服务上，要抓大放小，把更多的时间、精力用于服务的协调上，要充分调动各教育教学管理工作者和广大教师的创新积极性，鼓励大家敢于突破定式，大胆实验，勇于改革。在运作机制上，要注重创新的可操作性、前瞻性和实效性，在教学制度、设施配置、教学方法上营造崇尚真知、追求真理的氛围。进一步推进学分制管理模式的改革，建立更加具有弹性、灵活且有个性特色的教学管理制度，使学生有更大的自由度进行选专业、选课、选师、选时，在更大的广度和深度上发展个性，扩大学生学习的自主权与主动权，营造更为宽松的成才环境和空间。适应高校学分制改革的需要，进一步完善校园网综合管理系统，在学生入学分班、报到注册、排课选课、成绩管理、学籍管理、毕业资格审查等方面完全实行计算机管理的基础上，进一步实现教材、教学信息反馈、教师教学质量评价等网上管理，进一步提高高校教学管理工作的规范化、个性化、科学化和现代化。

4. 评价激励机制的过程化理念

对高校学生的评价激励，要在过程中、动态中围绕创新素质的目标进行，要改变过去那种只关注学生学业成绩的单一的总结性评价，而必须着眼于发现和发展学生的创新潜能，关注每个学生在已有水平上的提高，关注学生发展中的个性差异。著名教育学者布鲁姆曾经批评过去那种片面的学生评价观，认为传统教育中的工作者"过分强调了教育的最低层次——知识，因而，把90%的教学时间用于这一层次，而很少把时间花在更高层次的智力活动上，让学生创造性地应用知识"。创新教育评价激励必须以创新为基本价值取向，评价指导思想、评价指标体系和评价方法等都需要围绕创新精神和实践能力进行。新的评价体系和评价模式，要让评价成为一个过程，让学生成为评价的主体，成为他们认识自己和教育自己的一种教育方式，也成为教师改进教学、实现创新教育目标的反馈方式。要改革现行考试制度，在考试方法上，根据不同性质的课程、不同的教学内容，采取灵活多样的考试方法，如建立试题库，开卷、闭卷、口试、动手操作、撰写论文、答辩等多种形式灵活进行；改变期末一次性结课考试的方式，加强对教学过程的动态考核和评价。在考试内容上，既要考核学生对理论知识的掌握，更要注重考核学生综合运用所学知识去分析、解决问题的能力和创新能力。改革评鉴方法，不仅注重答题结果，也应注重考核学生解答问题时的思维方式及思维过程，鼓励学生大胆思考、勤于探索，对思路新颖、有独到见解、有创见、有新意的解答，要给予鼓励。改变以掌握知识的多少来评价学生的知识质量观，构建学生综合素质评价指标体系，从专业基础知识、思想道德修养、心理健康水平、文化技能特长、科技创新能力、组织活动表现等多方面对学生进行综合评价，促进学生知识、能力、素质的协调发展。

高校创新教育，不是一句口号、一种呼声，而首先是一种意识、一种观念，也才可能成为一种行动、一种过程。心往一处想，劲才能往一处使，只有从上到下、从中央到地方、从行政部门到基层高校、从教师到学生，心中都有创新教育这一理念的存在，才能有实实在在的创新教育。

在管理制度方面，改变保姆式的管理模式，加强大学生民主管理和自我管理，增强学生的自我责任感，养成学生自我设计、自我约束、自我发展的意识和能力，从而使学生自觉主动地开展创新活动。长期以来，高校管理体制对学生的素质缺乏全面的关怀，往往偏重于共性素质的要求，而忽视学生个性的自由发展。在实际工作中，有意无意地将学生不可选择地导入精心预设的管理目标体系和规章制度之中，刻意进行塑造管理。可以说，我们的学生管理工作历来强调的是培养学生的服从态度而不是创新精神，这在无形中抑制了学生的个性、主体性、创造性的发展。因此，创新管理环境建设的重点在于转变单纯的管理职能，强化服务意识，即通过每一项管理工作，为学生的生活和成才提供服务，从各个角度营造学生创造性发展的环境与条件。要让学生参与到管理工作中来，自主地开展各项活动，管理者的角色从"教练"转变为"裁判"，在一定的制度保障下，减少不必要的约束，扩大学生自由选择的空间，以达到增强学生创新意识和创新能力的效果。

（二）创新型教师是创新教育的关键

在创新教育中，教师是关键，只有教师转变了观念、提高了素质，创新教育才能落到实处，才能从根本上突破培养创新型人才的瓶颈。受传统应试教育和优质教育资源不均衡的双重影响，目前，学校教育在很大程度上还是以高考为指挥棒，以分数来衡量学生的成绩。于是，学生要不断地承受考试、上课、做作业的三重压力，学习自然成了一件痛苦的事。心理学研究成果证实，从幼儿期到青年时期是人的一生中可塑性最大、易于接受教育的时期。如果这个时期让学生接受创新教育，一定会产生事半功倍的效果。所以，在高校开展创新教育是符合大学生年龄和认知特点的。创新型教师应树立和谐发展的教育观。具体来说，在师生关系上，教师应该是学生学习和发展的促进者；在教师与整个教学活动的关系上，教师应该是教育教学活动的研究者和专家。此外，创新型教师还要具有健康的心理品质、较大的心理容量，克服心理偏见，容忍学生的无知和过错，始终保持稳定的情绪和乐观的心态。

创新型教师应避免采用传统的教学方法，一支粉笔、一块黑板地讲授，要经常利用实物、投影仪、录像设施、录音设施、多媒体教学等手段，或引出问题，或创设情境，使课堂气氛热烈，促使学生积极参与。

1. 民主和谐的课堂氛围是培养创新思维能力的基础

教学中民主、平等、合作的师生关系是形成创造力的阳光、雨露和土壤。创新型教师要经常组织师生之间、学生之间民主、平等地讨论、辩论，而且要鼓励学生敢于怀疑、大胆发问、勇于创新。在创新课堂中，教师不是权威，对学生与众不同的见解应持惊喜和肯定的态度，哪怕这种见解是不完善的，甚至是错误的。适当的时候，可以帮助他们完善和改正。

2. 善于设疑是培养创新思维能力的开始

"学起于思，思源于疑"。在教学过程中，创新型教师要善于设疑、巧妙质疑、灵活释疑、于无疑处布疑，引起学生产生强烈的需求和渴望，撞击思想火花，激发创新意识。要培养学生"凡事问一个为什么"的思维习惯。可以通过创设问题情景的方式为学生提供模拟真实的环境，以激发学生的问题意识，于问题中萌发解决问题的方案。各种学科教学中，问题的创设和提出是每一位教师都会用到的，但是，要提出有针对性、代表性、易于启发学生思维的问题并不是容易的事。笔者个人认为，为提高学生的创新思维而提的问题，应具有一定的系统性，既体现教材已有知识的应用，又突出学生解决问题能力的培养。同时，问题情景的设置应具有新颖性，便于引发学生的好奇心，活跃学生的思维。

3. 多种思维训练相结合是培养创新思维能力的途径

创新的思维是可以训练的，对学生进行思维训练的目的在于促使大学生努力探索事物存在、运动、发展和联系的各种可能性，以摆脱习惯思维目标的单一性、僵化性。常用的方法有以下几种：

（1）联想思维训练

联想思维是指人们在头脑中将一种事物的形象与另一种事物的形象联系起来，要建立在记忆的储存之中，寻求事物之间的共同或相似的规律，从而解决问题的思维方法。

（2）发散思维训练

发散思维是指利用不同的思维方向，不受限于现有知识范围，不遵循传统的固定方法。在思维过程中，充分发挥想象力、联想力，从一点向四面八方发散，通过知识的重新组合，找出更多、更新的解决方案。通过这种训练可以大大扩展学生的思维空间，增强思维的灵活性。如让学生用一条直线和一条曲线组成不同的图案，并写上图名，组得越新颖独特越好。

（3）收敛思维训练

收敛思维训练指个人利用已有的知识和经验作为引导，从众多的不同的储存资料中寻求准确方案的推理性和逻辑性思维。收敛思维是相对于发散思维而言的，它的特点与发散思维相反。在问题中训练，往往是先发散思维，在发散思维基础上再集中思维，从若干个方案中选出一个最佳方案。同时，也可将其他的方案中的优点补充进来，加以完善。

（4）多维思维训练

多维思维是指用主体的多方向或多功用的观点来观察和分析事物，以找出解决问题的答案。许多事物有其多种品质和特性，不是唯一的，这就需要训练学生对事物的观察能力和分析能力。比如铁丝，我们让学生说出它都能做什么，有哪些用途、特性，说得越多越好，打破一物一用的观点。多维思维训练还包括对不同空间、不同维度的想象训练，如让学生根据一个方形二维图形，设想出各种与方形相关的三维图形，例如，椅子、桌子、洗衣机、书、书柜、楼房等。还包括训练学生的观察力和表现力，让学生学会从不同寻常的视觉角度去观察。如常人观看一把椅子，一般是俯视，而我们应学会从仰视、侧视等不同角度观察椅子的造型。

4. 开放性试题是创新教育检测的趋势

开放性试题往往要求学生结合有关材料提建议、谈理解、谈感受、设计解决问题的方案，需要学生有自主意识和创新思维。针对开放性试题，教师在平时的教学中，就要结合所教内容鼓励学生以不同的社会角色，如记者、工人、农民、职员、家长、教师、政府人员等，参与课堂教学，积极参加辩论、演讲、热点访谈、新闻发布会等活动，指导学生进行社会调查、写小论文等实践活动。此外，还可以进行一题多变、一材多用、一题多问、一题多解等多项练习。培养学生学会对具体事物、具体材料进行联想、变异、发散、聚合，不断提高他们的创新思维能力，全面提高他们的综合素质。

5. 创新型教师的教学方法

面对新课程改革的挑战，创新型教师在教学过程中，都应充分发挥组织者和引导者的作用，灵活运用自主、合作、探究的学习方式，以利于学生个性的发展和创新实践能力的提高。常用的方法有以下几种：

（1）先尝试后点拨

对于趣味性较强或存在多种可能性结果的问题，先让学生自行尝试碰壁，然后老师点拨，可使其印象更深刻。

（2）先猜后证明

对于有些看起来具备了一定条件，但一时又无法证明的题目，让学生先猜猜看，然后提供实验来验证。

（3）先讨论后小结

对于模棱两可、具有争议的问题，可采取先学生自由讨论、后教师小结的方式，其效果比其他方式要好。

（4）先操作后归纳

自然课实验先让学生实验探究，再引导学生归纳结论，充分发挥以学生为主体、教师为主导的教学方式的作用。

（5）先尝试后纠正

新课或复习课中，在学生易出错的知识点上出题，先让学生尝试做题，然后予以纠正，能更好地加深印象。

培养学生的创新思维和实践能力，是一项日积月累的系统工程，必须将创新教育的理念根植于教师的头脑中，落实到教学工作的各个环节，缩短教学理念和教学实践的距离。多反思、多实践。因为，只有创新才能进步！

（三）高校学生是创新教育运行的主体

学生是学校的主体，是学校一切工作的出发点和归宿。学生不仅是高校服务的对象，也是推进创新教育办好学校的依靠力量，因此，确立正确的学生观对于创新教育的开展尤为重要。高校创新教育应把每个学生都看作是具有发展潜能的人，要求创新教育运行的各组成要素均确立发展变化的学生观，离开了学生主体性的发展，创新教育便失去了依托和生命力。创新教育视野中发展变化的学生观主要包括以下几个方面：

1. 坚信每个学生都是可以造就的

高校的每一个学生都是一片有待开发和进一步开垦的土地，教育工作者要用欣赏的眼光和态度来积极乐观地对待学生。教育者应将之视为教育的宝贵资源加以挖掘和利用，通过创新教育，把学生存在的潜能变为现实。谈到创新，有些教育工作者，就会很自然地想起天才，似乎创新教育的对象只有天才般的学生，对一般学生不抱希望，认为创新对于他们来说是望尘莫及的事，这是对创新教育的偏见和误解。事实上，天才与平凡之间没有不可逾越的鸿沟，如果两者有区别的话，那也只是教育为他们铺设的道路不同，走僵化教育道路的学生，即便是具有天才的禀赋，也会在这条扼杀创造性的道路上丧失成为天才的机遇。而走创新教育道路的学生，即使其"天资"一般，可以在激发智慧、鼓励创造的道路上迸发出创新的火花，从而成为天才。

2. 每个学生的独特个性是创新实现的基石

学生是具有独立个性的人，虽然许多学生在成长过程中具有某些共同的特点，但绝不能一叶障目，忽视其个性的存在，个性是学生创新素质形成的基石。高校创新教育应重视学生的个性，要从学生的个性出发来考虑学生的发展，培养学生的独立人格，发展学生的个性潜能，使学生能更自觉、更充分、更主动地提高自身的整体素质。尊重和鼓励学生的个性要求教育工作者不能以"标准化"的方法试图把学生培养成同一模式的成品，不能用过多的"统一"去磨平学生的个性棱角，使他们成为千人一面、千篇一律的"标准件"。在教育教学活动中，要对过分看重学生的统一、忽视其个性的不良倾向进行纠偏，对有独到见地和敢于标新立异的学生多鼓励、不压制，对好奇心强的学生要多表扬、不批评。对学生个性的抑制就是对创造的抑制，这种教育氛围，只会造就一批墨守成规、人云亦云的缺乏个性的书呆子。

3. 学生既是学校的，更是社会的

人是高度社会化的有机体，是社会意义的人，人的发展也是一个社会化的过程，人成长后也定将归于社会。尤其是作为高校的学生，即将对其完全意义上的学生生涯告一段落，走出校园，融入社会。因此，高校的教育工作者应义不容辞地担当起促进学生社会化的责任。长期以来，我国的各级各类教育相对偏向封闭，虽然某种意义上保证了教育对社会一定程度上的超越，但实际上导致了学生与周围社会生活相脱节，与知识的更新相脱节，与社会的需要相脱节，抑制了学生创新能力的发展。现在的社会太纷繁复杂，太多姿多彩，太充满诱惑，有些教育工作者为了保证学生心灵的"纯洁"，总是尽量地回避甚至不让学生去接触社会、了解社会，当然他们的初衷是善良的，他们不希望让学生过多直面社会的丑恶一面，从而受到玷污。其实，社会是一本极好的教科书，只要认真地、严肃地、批判地去读，就能获得很多校园内学不到的东西，如社会交往能力、心理耐挫能力、自我调整

能力等。社会是一个崇仰个性、呼唤创新的舞台，高校学生及早地走进社会、了解社会，对创新要求尤其是自己所学专业领域的创新要求，可以尽早准备，从容以对。学生不仅是学校的，更是社会的，突破校园四角天空的束缚，将学生置身于社会的熔炉之中，才是高校创新教育的真正归向。高校创新教育的运行机制实际上是通过创新教育理念的导入，促使现行教育管理制度的创新与改革。通过制度的规范性、导向性、激励性等作用，促使新教育由理念转变为现实的创新教育行为过程，培养和造就创新型人才。

　　越是严整性的，越具有开放性。高校创新教育运行机制既然是一个体系，就必然是历史的、发展的、动态的，对它的认识自然也就留有一定的时代缺憾。大力加强高校创新教育的研究和实践，培养具有创新战略眼光和素质的人才，是知识经济时代我国高等教育发展的必由之路。如何构建当前我国高校创新教育的运行机制，实质性地推进高校创新教育向纵深发展并取得突破性成效，是教育工作者尤其是高校教育工作者和受教育者必须实际面对，必须努力探索，必须认真解决的重大课题。

第四章　高校创新教育的师资队伍建设

21世纪是人类更多地依靠知识创新的世纪，知识创新将成为人类社会进步的不竭动力，成为国家和民族生存发展和竞争力的基础。正如江泽民同志所说："创新是一个民族进步的灵魂，是国家兴旺发达的不竭动力。"知识创新的主体是具有创新精神和创新能力的人才，人才的成长靠教育。作为培养创新人才重要基地的高等学校，需要创新教育；实施创新教育，必须建设一支与之相适应的具有创新素质的师资队伍。

第一节　我国高校创新教育师资队伍建设现状分析

全球范围内，各国的竞争集中于国力的竞争，而国力的竞争实际上是教育的竞争。特别是在科技日益发达的当代，科技的创新取决于创新型人才，而创新型人才的培养依赖于素质教育，培养具有创新精神和实践能力的人才需要一支创新型师资队伍。高校作为培养国家栋梁的重要阵地，加强创新型师资队伍的建设显得十分重要，而建设创新型师资队伍应当从理念与机制入手，从根本上推动高校改革。

一、创新教育对教师创新素质的要求

所谓创新素质，概括地说，就是创新意识和创新能力的统一。"教师自身有创造性，是使儿童有创造性的第一原理"，实施创新教育，培养创新人才，首先教师自身应具备创新素质。

（一）要确立创新教育思想

创新教育是以培养人们创新精神和创新能力为基本价值取向的教育。其核心是在全面推进素质教育的过程中，培养创新意识、创新精神和创新能力。这里提出的"创新"不同于科学家、艺术家的创新，而是指通过对学生施以有效的教育和影响，使他们作为一个独立的个体，能够善于发现和认识新知识、新思路、新事物、新方法，掌握其中蕴含的基本规律，并具有相应的能力，为将来成为创新型人才奠定牢固的基础。教师要树立正确的知识观和知识教学观。要以人类文明的优秀成果包括现代信息文明为基础，改变以传统的书本知识为基础的状况；实现由传授知识的教学观向培养学生"学会学习"的教学观转变、

由"师道尊严"向师生民主平等转变，坚持教育的成功导向和正面激励，允许探索中的错误，不求全责备；为学生思考、探索、发现和创新提供最大的空间；贯彻理论联系实际的原则，突出实践性，便于学生的操作和其他活动；构建以学习者为中心，以学生自主活动为基础的创造型教学过程，使教学活动真正建立在学生自主活动和探索的基础上，进而形成有利于学生主体精神、创新能力健康发展的宽松的教学环境和教学体系；创建以学习主体和谐发展为目的，以创新能力为重心的教育评价和考核体系。

（二）要具有创新精神

创新精神，主要包括好奇心、探究兴趣、求知欲，对新异事物的敏感，对真知的执着追求，对发现、发明、革新、开拓、进取的百折不挠的精神，这是一个人创新的灵魂与动力。高校教师要能够在教育教学工作中，开拓进取，持续不断地学习和实践，探求真理，正确认识和掌握事物运动和发展变化的规律，获取新知识和经验，包括对传统文化善于扬弃，剔除其糟粕，吸取其精华，进行继承和革新，不断更新观念，改革教育教学内容、形式、手段及管理模式等。

（三）要具有创新能力

创新能力主要包括创新思维能力和创造能力，这是创新的本质力量之所在。创新思维是创造活动智能结构的关键和核心，它必须遵循思维规律和思维的科学方法，在认识、分析、判断客观事物时，坚持实事求是的原则，不唯上、不唯书，不趋时、不惑众，勇于坚持真理修正错误，正确掌握事物错综复杂的辩证联系，同时要发挥聚合思维、发散思维、类比思维、联想思维的综合作用，使之有机结合，争取发前人之未发、发前人之所发，在别人司空见惯的事物上有新的发现或发明。教师的创造能力应以宽厚广博的知识和先进的教育技能为基础，具有对知识的摄取、改组和运用的能力；具有对新思想新技术的发现、发明和创造能力；主动发展自我，适应和重塑环境的能力；具有追求卓越的意识，经过长期艰苦的实践和探索，形成自己独特的育人风格，力图逐步成为教育家。

（四）要具有创新人格

创新人格，主要包括创新责任感、使命感、事业心、执着的爱、顽强的意志、毅力、能经受挫折、失败的良好心态，以及坚忍顽强的性格，这是坚持创新、做出成果的根本保障。高校教师首要的是要热爱教育事业，有坚定的信心和执着追求，愿意献身高教事业，热爱学生。教师要意识到自身是具有创新潜力的，要在教育和教学工作中，把实施教育教学改革、全面推进以培养学生创新素质为核心的素质教育当作自己的神圣职责，将潜在的创新能力，通过有目的、有计划、有系统的教育实践活动，变成显性的创新能力。以创新的人格力量赢得学生的尊重和爱戴，在教书育人中展现出创新人格的魅力。

二、"互联网+"时代高校师资队伍建设的现状

"大学者，非谓有大楼之谓也，有大师之谓也"，清华大学老校长梅贻琦的这句话，已在大学发展的实践中充分得到了验证，说明了师资队伍建设在大学发展中的重要作用。慕课（Massive Open Online Courses）是一种基于互联网的大规模、开放性的在线课程，实现了教学模式由课堂以教为主的教学转变为在线以学为主的教学，它对高校教师的知识、能力、水平等提出了更高的要求。虽然高校师资队伍建设取得了很大的发展，但是，与"互联网+"的要求相比，高校师资队伍建设还有不如人意之处。对此加以认真分析，寻找解决对策，则具有重要的意义。

（一）师资队伍结构不断优化，但数量不足、结构不尽合理

在全面建设小康社会的历史进程中，虽然高校师资队伍建设有了很大的发展，但依然存在师资数量不足、师资结构不尽合理的问题。

1. 师资数量稳步增加，但还显不足，拔尖领军教师数量少且分布不均

据统计，"2015年，全国普通高校专任教师有157.3万人，比上年增加3.8万人，增长2.4%。普通高校生师比为17.7∶1。其中，本科院校17.7∶1，专科院校17.8∶1，与上年基本持平"。生师比虽然达到了18∶1的合格标准，但距离优秀标准还有很大差距。这说明高校教师数量虽然在稳步增加，但从高质量办学角度来说，高校师资数量还显不足。另外，与师资总数量相比，拔尖领军教师数量少，分布不均，制约着各高校的快速发展。例如，从1999年至2016年，全国历年共有208所高校入选3487名长江学者，而且基本上都集中在各大部属高校。拔尖领军教师数量不足，尤其是中青年高层次人才匮乏，直接导致高水平学术梯队难以形成，难以出现高水平的科研成果，影响了高校整体实力的提升。

2. 师资的学历层次在不断提高，高学历的教师数量在增加

"2015年，普通高校研究生学位教师比例为68.4%，比上年提高1.9个百分点；本科院校为78.1%，比上年提高1.8个百分点；高职（专科）院校为44.5%，比上年提高2.2个百分点。"

3. 师资的职称结构发生变化，高级职称教师的比例和数量有提高

"2015年，全国普通高校高级专业技术职务教师比例为41.9%，比上年提高0.4个百分点；本科院校为46.9%，比上年提高0.5个百分点；高职（专科）院校为29.6%，比上年提高0.2个百分点。"

4. 师资年轻化趋势明显，呈现金字塔型的年龄结构

2015年，全国普通高校专任教师共1572565人，其中，29岁及以下为215290人，占专任教师的13.69%；30~39岁为663408人，占专任教师的42.19%；40~49岁为417452人，占专任教师的26.55%；50~59岁为244822人，占专任教师的15.57%；60岁及以上为31593人，

占专任教师的 2.01%。综合统计数字会发现，50 岁以下中青年教师占专任教师的 82.4%，说明了中青年教师成为高校教师的主体。

（二）师资队伍的能力和素质有待进一步提升

21 世纪以来，我国普通高校的师资队伍建设有了很大的发展，但与"互联网＋"要求相比，师资队伍还存在能力不足、素质需要提升的问题。

1. 师德素质还需进一步提高

从整体来看，高校师资队伍的整体师德素质还是比较高的，他们潜心治学、教书育人，成为学生人生的引路者。但由于受社会变革所带来的负面现象的影响，也出现了"少数高校教师理想信念模糊，育人意识淡薄，教学敷衍，学风浮躁，甚至学术不端、道德败坏等"现象，严重违背了教师的职业道德和操守，带来了不良的社会影响。一些教师工作的责任心、使命感不强，对工作得过且过，缺乏敬业精神，把对自己职业道德的要求降到最低点。还有的忘记了教书育人这一教师的基本使命，对教育的核心价值观认同感下降，按照功利的原则来对待教育教学工作。由于科研工作可以量化对教师的考核，对职称评聘有利，而教学上的许多工作无法具体量化，对教学效果的评价也需要一个长期的教学过程才能显示出来，因此，一些老师就急功近利、心浮气躁，把个人的主要精力放在了立竿见影的科研立项、著书撰文等方面，而对于需要长期投入、见效慢的教学工作则投入的精力不足，对课堂教学应付了事。

2. 教学能力还不够强，缺乏教学改革的自觉性

教师是教学工作的主导者、引导者，教师的教育教学能力的强弱对教学工作有着至关重要的影响。在高校师资队伍不断壮大的过程中，大量各专业毕业的应届硕士研究生和博士研究生进入教师队伍之中，由于他们大都不是师范院校毕业，缺乏对教育教学理论的掌握和教学基本功的训练，教学设计能力、教学过程的掌控能力、对学生的管理能力较弱，虽然在入职时进行了岗前培训，但依然不能短时间内解决教学能力不强的问题。另外，一些老师对教学改革不上心，认为教学改革和自己无关，教学改革费时费力不讨好，教学改革需要突破原有的框架，需要得到学生的支持和教学管理者的认可，难以操作等。这些不同的想法导致了他们缺乏教学改革的自觉性，缺乏接受新的教学方法的动力和探究精神。

3. 惰性思维和行为导致知识老化，知识结构单一，缺乏创新能力

教师面对的是不断成长的充满生命力的青年学生，他们思维活跃，乐于接受新事物，因此，这就要求高校教师要有不局限于专业的丰富的知识，要文理渗透，要对学科前沿有了解，能在不断变革、充满活力和新鲜感的教学实践中引导学生。但是，一些教师具有的惰性思维和行为及"随大流"的想法，使得他们安于现状，懒于接受新知识、追求变革，导致知识结构单一，教学缺乏创造力。全校整齐划一的教学管理模式，也不可避免地束缚了教师的创新性的发挥。

（三）师资队伍建设的信息化意识不足，教师的信息素养不高

随着现代信息技术的不断发展，具有交互性、开放性、即时性、广泛性特点的互联网技术，已逐渐改变着人们的生产和生活方式，"互联网＋"时代到来。但是，面对"互联网＋"要求，高校的师资队伍建设还存在信息化意识不足、教师信息素养不高的问题。

1. 师资队伍信息化建设意识不足

"互联网＋教育"改变了人们的学习方式，"互联网＋"的出现更体现了学校信息化的重要性。但目前高校师资队伍建设的信息化意识则不足，高校比较注重对高科技软硬件设备的装备，却忽视了信息化设备与教学工作的紧密结合；注重信息化硬件条件的投入，却忽视了对教师的信息化知识和能力的培训，培养体系不健全，对师资队伍信息化水平的提升缺少计划性和目的性。

2. 教师信息素养不高

一些教师的信息意识较为薄弱，他们虽熟悉互联网，却并不主动将互联网技术与课程教学结合起来，运用互联网促进教学发展。虽然大部分高校教师都使用多媒体授课，掌握了基本的信息知识，但是多媒体教学课件的制作水平并不高，他们对动画、微视频的制作还有难度，对网页及网站的制作也有困难，这说明教师的信息知识还很匮乏、信息能力较弱。

（四）师资管理水平不高，管理机制不够完善

师资管理因其管理对象为高校教师而具有其特殊之处，它既要有现代化的管理手段，还要有以人为本的管理方法和制度。但是，面对"互联网＋"时代的到来，高校的师资管理水平还显相对滞后，管理机制不够完善。

1. 师资管理的理念滞后

高校在对教师的管理中，总想着用管理制度管住老师，让他们不触犯纪律，按章办事，这实际是消极的管理理念，真正的积极的管理理念是通过管理手段和制度，达到调动、激励教师的积极性的目的。师资管理不能体现以人为本的管理理念，只讲制度的原则性，而忽视制度制定和执行中人的因素，不讲其灵活性，因此，有时会管得过宽、过死，伤害教师工作的积极性。

2. 管理手段相对滞后

在大数据时代，面对"互联网＋"时代的来临，一些高校的管理手段还仅仅停留在电脑办公的粗浅层面上，还不能利用校园网络的大数据平台来进行师资管理的信息共享，降低了工作效率。

3. 管理机制还不够完善

科研奖励制度比较全面具体，教学奖励制度则少、不完善；对科研考核有具体的量化标准，而对教学工作的考核则比较模糊，教学效果的考核形同虚设，使教师感觉教学工作只要工作量达标就可，教学效果不用考虑，教师重视科研而忽视教学；教师培训机制不健

全，对刚入校的年轻教师重使用而轻培训，对教师的信息知识等培训少；教师的引入机制、退出机制不完善，引进教师注重高学历，而对其教学能力注意不够，对考核不能胜任教师岗位的教师尚不能合理流动，退出机制的执行有不到位之处。

"互联网+"对高校师资队伍建设提出了更高的要求，为此，各高校要加强师德教育，使教师具有崇高的理想信念和道德情操，在"互联网+"教学中弘扬先进文化；要不断优化师资队伍结构，使其助力高等教育快速发展；要提高师资队伍的教育教学能力和水平，更好地驾驭"互联网+"时代的课程教学；要"鼓励教师参与'互联网+'相关培训"，不断提升教师的信息素养和信息能力，使之具有"互联网+"时代的基本素质；要提高师资管理水平，建立与"互联网+"相适应的师资管理制度。

第二节　高校创新教育师资建设策略

创新教育的灵魂是教师，因为创新教育是一种"以人为本"的教育，是发展个体的创造性潜力的教育，如果没有创新素质教师的"教"与"导"，培养学生的创新意识、创新思维、创新精神、创新能力等便成了一句空话。只有建设一支具有创新素质的教师队伍，才能更好地实施创新教育，培养出具有时代特征的创新人才。

一、适应创新教育需要，更新观念，树立全新的师资队伍建设观念

新的时期，创新教育对高校师资队伍建设提出了新的要求，在高等教育整体的改革发展中，"更新观念是先导"，师资队伍建设也同样需要树立全新的观念。

（一）树立以人为本的观念

高校师资管理部门要由传统的以事为中心的人事管理转向以人为中心的人才资源开发，由单纯的管理控制职能转向教师资源的开发、保障和利用。教师管理模式、机制和方法的改革要有利于优秀毕业生的接收和优秀人才的引进，有利于教师创新潜能的充分发挥，有利于教师资源的优化配置，有利于教师队伍的合理流动。

（二）树立竞争的观念

由于存在教育的公益性与市场法则之间的矛盾，教师资源的配置不能像其他人力资源那样完全由市场调节，国家就必须对教育人力资源的配置给予强有力的支持性干预，通过法律、行政、经济等手段，大幅度提高教师的经济待遇，创设必要的工作条件，使教师职业真正成为具有吸引力和竞争力的职业。在高等学校内部，也必须牢固树立人才竞争的观念，真正建立起公开、平等、择优的用人机制。

（三）树立开放的观念

应该充分借助市场竞争机制，优化教师资源配置，在严格掌握标准的条件下，广开才路、广揽人才。提倡和鼓励教师跨校供职、任课，与厂矿、企业合作科研；提倡和鼓励高校之间互聘、联聘教师，增强校际、学科间的合作，逐步建立高校教师资源共享机制。要正确认识和处理教师队伍的稳定与流动的关系，不要以陈旧的眼光看待队伍的"稳定"。在市场经济条件下，稳定是相对的，流动是绝对的。要在竞争中优化，动态中发展，建立与市场经济体制相适应的合理的教师流动机制。

二、严把"进口关"，采取有效措施，优化教师资源配置

高校在引进师资渠道上，要严把"进口关"。要根据适应人才市场竞争趋势，因势利导，加强政策导向，加大工作力度，通过补充优秀毕业研究生、吸引优秀留学回国人员、向社会公开招聘高水平教师和加强高层次培训等措施，调整教师队伍的学历、职务和学科结构，提高教师队伍的整体水平；积极探索制度创新。调整和改革教学组织形式，加大学科交叉使用的深度和广度，组织以学科群为基础的高层次人才协作组织；加强校际合作，互聘、联聘教师，鼓励学生互相选课、高校互相承认学历，共享教师资源和教育资源；利用产业结构调整的契机，面向企业和科研机构招聘优秀人才担任专职和兼职教师，进一步加大兼职教师的比例。要进一步完善和强化高校教师资格证书制度。可以在部分重点学科、传统学科率先实行持高校教师资格证书应聘高校教师制度，条件成熟后逐步推开。同时，制定科学可行的高校教师评聘条件。对应聘高校教师视学校、学科专业不同在学历、学术水平、创新能力、毕业学校等方面提出要求。采取各种有效措施，努力形成一种能把具备创新意识与能力、适合从事创新教育的人才吸引到学校工作的人事制度。

三、加强师资培训，积极进行教育研究，全面提高教师素质

要进一步认真贯彻落实《高等学校教师培训工作规程》，不失时机地实现高校教师培训工作重点和运行机制的两个转变，即从基础性培训和学历补偿教育逐步转变为着眼于更新知识、全面提高教师素质的继续教育；从主要依靠政府行为转变为政府行为、学校行为和教师个人行为相结合，形成具有中国特色的高校教师继续教育制度。高校教师培训要以中青年教师为主要对象，以高层次的培训为重点，着眼于更新和拓展知识，提高教育教学和研究创新能力，推动学科的发展，进一步完善并着力加强国内访问学者、高级研讨班、中青年学科带头人高级研修班等高级形式的培训，同时抓好青年教师的岗前培训。制订切实可行的培训计划和政策措施，保证教师定期接受培训。教授每五年一次学术假，副教授每五年、讲师每三年研修培训一次。让教师掌握本学科发展的前沿知识，汲取最新教育研究信息，提高教学科研水平。要积极引导广大教师参与教育科研工

作，学校要支持教师积极申报国家、省、市的科研课题，并拨适当的经费给予支持。同时，积极推广各地创新教育的经验，鼓励教师开展探索性的实验研究，通过各种科研活动，强化教师的创新意识，对教师的创新思维、创新方法进行强化训练，努力培养出大批研究型的高素质教师。

四、转换机制、优化环境，努力营造教师成长的良好氛围

要将市场机制作为实现高校教师资源优化配置的基础，激发教师的创新欲望，激励教师的创新精神，激活教师的创新潜能，聚集教师的创新优势，充分发挥教师资源作为高校第一资源的巨大作用。要重点建立两个机制：一是竞争机制。通过竞争实现人才的优胜劣汰。二是激励机制。要遵循教师成长规律，处理好精神鼓励与物质鼓励的关系，促使教师把个人的事业与社会理想、社会责任有机结合起来。要尊重教师的个性，"有个性，才有创新"，使教师充分享有实现自身价值的满足感，贡献社会的成就感，得到社会承认和尊重的荣誉感。要进一步在全社会形成尊重知识、尊重人才的良好风气，营造有利于教师成长的宽松环境。要充分利用大环境，努力优化小环境。积极地倡导学校文化精神，形成浓厚的学术风气，创造既有良性竞争又团结协作的生动活泼的学术环境。对优秀教师要大胆使用，要给他们提供发挥自身潜能的机会。要创造和谐融洽的人际关系，努力改善教师的生活和工作条件，想方设法为教师解决实际困难，帮助教师解决各种后顾之忧。要格外珍惜拔尖人才，"要鼓励和支持冒尖，鼓励和支持当领头雁，鼓励和支持一马当先"……通过相应的激励机制和政策导向，鼓励教师开拓创新、大胆探索，形成允许在创新和探索中出现失败、包容失败、不怕失败的氛围，不断优化和强化教师的成才环境。

五、强化职业精神，加强师德建设，实现教师队伍职业道德的创新

21世纪，教师职业将是最受人尊重的职业之一，要真正形成社会尊师重教、教师爱岗敬业的风气，就必须使教师队伍实现职业道德的创新。新型的教师职业道德，应当是具有健康的个性心理品质、高尚的社会道德规范、健全完美的人格、良好的师生关系、丰富的学识和科学精神、奉献精神、创新精神。要实现教师职业道德的创新，一方面，必须强化教师的职业精神，着力培养教师终身从教的敬业精神、刻苦钻研的求实精神、敢于创造的拼搏精神、爱生如子的园丁精神、不计得失的奉献精神。另一方面，必须加强教师的师德建设。要加大工作力度，坚持政治与业务并重的原则，强化教师工作中的政策导向，将思想工作、政策导向和物质激励三者有机结合起来，增强思想政治教育工作的针对性和有效性。要尽快研究制定《高等学校教师职业道德规范》，引导高校教师增强事业心和责任感，自觉履行法定义务，遵循职业规范，发扬科学精神，遵循学术道德，教书育人，为人师表。

六、"互联网＋教师培训"的协同创新发展策略

21世纪中国基础教育改革的主线是"优质均衡"，教育不仅要保证公平，还要重视质量。教师是基础教育发展最重要的人力资源，在终身教育理念的影响下，教师培训作为引领教师专业化发展的主要举措，已经进入普及阶段。如同其他行业的发展，新技术不断渗透到教师培训领域，推动教师培训不断发展。1978年起，我国的教师培训经历补偿性培训、探索性继续教育、普及性继续教育、国家级培训四个发展阶段，培训覆盖面逐年扩大，培训内容和培训手段更是与时俱进，从传统的面授教学，到借助传统媒体的函授教学，再到借助互联网的远程教学。当今，受大数据、云计算、物联网、移动互联技术为基础的后信息变革影响，人类的思维模式和生活方式也在发生日新月异的变化。李克强总理在第十二届全国人大三次会议上首次提出"互联网＋"的概念，随后国家推进"互联网＋"行动。由此，如何加深"互联网＋"与教师培训事业的深度融合和创新发展，这一课题再度强势进入教师培训者的关注焦点。

七、移动互联时代的教师培训发展趋势

（一）移动互联时代的特征

移动互联网是建立在移动和互联技术上建立起来的新一代互联网，它继承传统互联网的公开、平等、共享精神，又兼具移动网络的便捷性、个性化，私密性，呈现出跨时代的优势特征。

（1）资源的开放性。移动互联时代传承了公开、平等、共享的互联网精神，信息高度共享，人人皆有平等的机会获得各种信息。

（2）信息的跨时空。移动互联时代，持有性能良好的终端设备，再加上无处不在的接入网络，人们随时随地可以发送、接收信息，受时空的限制越来越少，高度全球化，跨地域、跨行业、跨市场，随时可以进行准确信息传输。

（3）终端的移动性。移动终端具备了电脑的功能，可随身携带，方便快捷。每个人都有电子感应设备，可以进行相应功能的操作。

（4）操作的智能化。大数据、云计算、各种感应技术的开发，使得模式识别、机器学习、数据挖掘等越来越智能化，在移动互联及物联网中得到广泛应用。

（5）时间的碎片化。终端的移动性和信息的跨时空特性，使用户不再受到"线上"和"线下"影响，可以随时随地上网交流，这就可以利用提高碎片时间的使用率。

（6）网络社交的现实化。终端设备的身份识别和位置定位技术，使得网络社交活动越来越生活化，虚拟网络与现实工作、生活越来越紧密结合；通过互联网络的中介作用，人与物、物与物之间连接成一个高度数字化的物联网。

（7）网民的高参与度。团购、秒杀、竞拍等是生活中常见的电商消费群体行为。这些案例为我们提供了可供参考的移动网络群体高参与样本，即具有吸引力的活动，可以随时随地吸引目标群体的高度参与，高效率完成某个项目。

（8）新技术应用的经济性。据美国调查公司 IDC 的数据，中国的智能手机普及率已达 90%。无线网络和智能终端的普及化，随时随地信息互联互享已经成为触手可及的现实。

移动互联网的优势特征，为教师培训的发展提供了重要的技术基础和前提。移动互联技术与教师培训相结合，可促使师资队伍建设焕发出新的活力和创新性。

（二）"互联网＋教师培训"的发展蓝图

结合教师培训的关键要素，我们可以勾勒出教师培训的发展蓝图：

（1）"你知道我想学些什么"：大数据技术和云计算，使得为每位教师制定个性化培训方案有了现实的可能性。足够稳定成熟的培训平台能够有效记录教师学员的每一次操作记录，形成大数据，智能追踪不同培训对象的培训需求，推荐合适的培训主题，培训项目更加契合教师的培训需求。

（2）"只要有空，我随时随地可学习"：移动终端设备的普及化，使得教师培训可以随时随地开展，利用碎片化的时间，不断更新教育理念、获取教育新知识和技术。

（3）"呼朋唤友，开展属于我们自己的教学和研究"：教师遇到教育教学中的难题，可以在网上发起研讨主题，自主选择他们喜欢的或者口碑好的导师，自发组成合作学习小组，专门就某一课题或教学问题展开学习和研讨。

（4）"我学习，我快乐，我荣耀"：教师学员的主体性得到强调和重视，他们乐于接受培训，培训不再是工作和生活的负担，而是获得精神食粮的重要途径；此外，教师学员在培训中自然生成专业能力差异化的教师，专业化水平较低的学员只能是受训者，而专业化水平较高的学员既可是受训者，也可成长为培训者。每一名教师的专业化水平都形成高度记录的数据，一方面鞭策教师不断上进，另一方面可供教育行政管理部门执行各类教育管理的决策参考。

（5）"一切资源尽在我的掌握中"：通过物联网的调配，教育教学资源可以得到优化均衡，信息不对称现象可以得到有效改善。资源和信息采用扁平化传递方式，从而打破空间局限，任何教师不管身处山区还是市区，都可以轻易使用先进的教学设施，获得优质的培训课程，快捷请教专业的导师，寻找志同道合的学习伙伴等。

（三）"互联网＋教师培训"协同创新发展建议

将上述调查结果与"互联网＋"趋势进行比较，可以发现，新技术与教师培训的结合不够深入，教师培训的信息化建设仍存在诸多问题。为促进"互联网＋教师培训"的协同创新发展，应重点抓以下几方面建设。

（1）教育行政管理部门加强顶层设计。采用购买服务的方式，与互联网企业建立合作机制，引进无线传感网、行业云及大数据平台的新技术，组织实施移动互联网时代的教师培训平台建设。

（2）重视基础教育大数据的建设。有价值的数据需要日积月累才能"养活"，如果不注重教育数据的收集和积累，任其流失，教师培训管理层永远没有数据化运作的基础。教师培训变革若要跟上"互联网＋"时代的发展，每一所学校、每一位教师的日常工作及学习需求、行为，甚至每一名学生的学习情况都应该得到有效记录，这些信息融合、流汇聚于大数据平台，从而为教师培训的需求分析、主题定制、个性化培训定制等环节的开展提供客观的基础数据和培训依据。

（3）构建良好的培训网络生态。"互联网＋"绝不是互联网与传统教师培训的简单相加，而是在充分利用互联网技术、平台、数据的基础上，与"人""物""环境"有机协作，以"＋"的态势创造出良好的教师培训新形态，综合高效地利用教师培训的各方面资源，提升教师培训的传统模式，实现教师培训的效率提升与能力增长，实现师资队伍建设的协同跨越式优质均衡发展。

（4）开放资源，鼓励使用培训平台。将平台的信息和资源开放给广大教师群体，并制定更加科学的培训准则，如将教师使用继续教育网的行为纳入继续教育考核范围，不必规定仅使用培训学习模块才能获得相应学分，只要使用这一平台，便可获得相应的学分，这样，可以鼓励相当一部分老师积极使用培训平台，从而汇聚人气，形成良性的网络学习氛围；又如，可以建立一个科学的数据模型，自动记录教师平时的学习行为，达到一定的水平便可自动获得学分等。

（5）鼓励社会性移动互联软件的开发与使用。现阶段，除了教育行政主导的官方平台之外，涉及教师培训应用的移动互联软件基本没有。而事实上，各教师培训单位开发移动互联软件，充分利用移动互联技术，提高教师培训的移动终端使用率，不仅能提高培训管理效率，还可减少管理成本。

（6）加强"互联网＋教师培训"专业人才的培养。随着移动互联时代的全面铺开，"互联网＋"技术将成为教师培训专业能力的基本专业素养，不可避免的是大批传统的培训行政管理人员将会不适应变革的需求，未来的教师培训者、管理者，一定是懂得运用大数据、云计算等技术于教师培训的复合型人才。

第五章　高校创新教育的教学方法创新与科学评价

第一节　高校创新教育的教学方法分析

高校教学内容的广博性、高深性及不确定性，对高校教师运用教学方法提出了更高的要求。怎样教才能既保证把知识系统性地传授给学生，同时又保证有效地启发、激励学生主动地去思考、发现和创新，这是高校教师在教学过程中始终必须关注的问题。

一、影响高校教师教学方法创新的原因分析

（一）重知识传授、轻能力培养的教学观念依然存在

教师是教学的执行者，在教学中处于主导地位，教学方法创新的关键在于教师的作用是否得到充分发挥，教师的现代教学理念是否真正树立起来。教育部教改项目"高校教师教学方法创新研究"课题组通过对学生和教师的问卷调查发现：教师对学生能力的培养力度不够；大多数学生认为教师用于知识传授的时间远远多于能力的培养；超过 5% 的学生认为课堂上师生间的互动程度一般受传统教学观念的影响，教师在组织教学内容、教学活动时，在传授知识与培养能力的时间分配上，更加注重知识的传授，习惯于"一言堂""唱独角戏"，教师讲学生听的习惯很难改变。传统的教学方法依然是高校教师的首要选择，我们知道传统的教学方法具有本身的优点，但同时也存在着一些弊端，不利于促进学生能力的培养。尽管一些教师对教学方法创新有一定的认识，对如何创新教学方法进行深入研究探讨的教师却为数不多，真正付诸实施的就更是少数。

（二）现行的教学管理不利于教学方法创新

建立和完善学校管理制度与配套措施，是促进高校教学改革、实现其最终目标的必要保障。目前，对于什么样的班，什么样的课，用什么样的方式来教学，教师如何驾驭不同的课程教学，学校的政策制度应当提供什么支持，这些是我国大学常常为人们所忽视的。对普通教师的调查数据显示，影响教学方法创新的前五个因素，依次是回报率低（47.8%）、

科研与社会工作任务重精力不足（37.3%）、学生基础与学习态度差（34.5%）、教学设施与条件保障不足（34.1%）、难以获得立项支持（30.5%），除此还有其他的影响因素。

高校现行的教学管理制度和配套措施还不完善，重科研轻教学的现象依然存在，促进教学方法创新的激励机制还不够，教学方法创新涉及的物质条件和运用环境有待加强。当教学管理难以营造和谐的环境时，教学方法的创新就难以进行。学校要采取根本的鼓励政策与措施，真正树立起重教风气，围绕"教学改革"合理有效地实施教学管理以激发教师创新教学方法的积极性。

（三）教学评价机制不够完善

我国现行的教学评估制度（教育部本科教学工作水平评估）得到了各高校的高度重视，促进了本科教学工作，但就教学方法而言，在整个评估体系中，只是作为"专业建设与教学改革"下面"课程"里的一个指标。按此评估，很难看出教学方法在学校整个教学工作中的地位与作用，就更难以谈得上促进高校教学方法的改革与创新。通过对高校教师教学方法创新情况的调查发现，目前高校教师进行教学方法创新，认为"普遍的"仅占 7.2%，"较多的"也只占 36.8%，"少数的"占最高的比例达 41%，换句话说，目前高校教师进行教学方法创新研究与实践尚未形成一种氛围，还处于一种教师个人自行摸索的阶段。

在高校中，教学工作与科研工作相比，缺乏有效竞争机制和激励措施。政策制度的精神与教学要求不相吻合，是制约大学教学方法创新的主要障碍。对教学方法创新的重视大多停留在会议和文件上，在实践上缺乏必要的措施和制约机制。如教师采用教学双方共同参与的，以问题为中心，通过探索、讨论、案例等教学方法，强调学生在研究过程中吸收知识、应用知识、发现知识，甚至解决问题，以培养学生探索精神和创新能力的研究性教学时，由于教学评价机制的不完善，产生了难以衡量教师的工作量，难以考查学生学习情况的问题。加上近年来，有关职称评定、考核政策的导向作用，导致教师重科研轻教学，重论文与成果轻工作态度、责任心、敬业精神等问题。这些都不利于高校教师进行教学改革，只有当评价不仅仅是源于行政压力，而是源于教师内在的发展需求时，才能最大限度地激发教师的积极性和创造性，才能更好地提高教学质量。

对学生的评价也影响着教师对教学方法的选择，学校和教师对学生的评价不能仅局限于知识的掌握情况的考核，教学的重心应由知识传授转向能力培养，从侧重学生对知识的掌握，转向实践能力和创新思维的发展，需要以多样化、适应性的质量观来评价学生的学习。科学合理地评价学生更有利于教师改进教学方法，提高教学质量。

二、高校教师教学方法创新的主要方法

法国生理学家 C. 贝尔纳指出："良好的方法能使我们更好地发挥运用天赋的才能，而拙劣的方法则可能阻碍才能的发挥。因此，科学中难能可贵的创造才华由于方法拙劣可

能被削弱，甚至被扼杀；良好的方法则会增长、促进这种才华。"爱因斯坦则更直率地指出："再没有什么比那种毫无想象力的灌输式、经院式教学更令人窒息和毫无价值了。"教学方法是工具和手段，是达成教学目的的"桥"和"船"。笔者认为可以从以下几个方面探寻教学方法创新的途径。

（一）树立"以学生为本"的教学理念

学生与教师是构成大学人才培养不可或缺的两类主体，教师是教的主体，学生是学的主体，离开任何一方，大学就不再为大学，人才培养就不可能进行。因此，以人为本的教育理念包括"以学生为本"与"以教师为本"。"以学生为本"就是树立以促进学生发展为第一要务的思想，要把能否有效促进学生发展作为衡量教学改革成败的唯一标准。教师对教学方法的选择是为了更好地促进教学过程的优化，以期高效地达成教学目标。在教学方法的创新过程中，既要遵循教学的原则和规律，又要符合学生学习可能性和个别差异。潘懋元先生对此有自己独到的见解"高校教学方法并无绝对优劣之分"，"高校教学方法改革不是寻求剔除所谓不好的教学方法而采用好的方法，或剔除传统方法而采用现代的方法，而是寻求树立正确的教育思想或是思想观念，熟练地根据教学目标、教学内容、教师自身的个性以及学生情况等来选择在达到目标时最合适的方法"。

调查结果显示，学生基础与学习态度是阻碍教师进行教学方法创新的三大因素之一。因此，在教学方法创新的过程中，要重视学生的主体性，教师应该改变以"注入式"和死记硬背为特征的传统教学方法，秉承现代教学理念，重视学生在学习过程中的主体地位和能动作用，激发和保持学生学习的动机和兴趣，培养学生的主体精神，培养学生的自我意识和创新精神，使教学过程成为师生双方共同参与、互相合作的过程以及学生积极学习、能动发展的过程。

（二）积极探索并建立科学合理的教学管理机制

科学的管理制度可以保证教学改革有序开展并顺利达到既定目标。教学改革必然伴随着制度建设和制度创新，没有制度建设，就不能保证教学改革的顺利实施；没有制度创新，教学改革就难以突破性进展。在教学方法创新的过程中，回报率低及教学与科研难以协调的问题尤为突出。除此还表现在难以获得立项支持、教师间交流与合作环境差、教学设施与条件保障不足等方面。教学方法的改革仅靠教师群体的自发自觉是远远不够的，它需要政府、社会、学校、教师、学生等各方面的通力合作。就学校而言，应从积极建立教学方法创新资源保障机制，在资金上给予支持；改变教师评价体制中重科研轻教学的局面，根据教师情况各异，在对待教学与科研的关系上有所区别。在进行职称、业绩评定时，处理好教学指标与科研指标之间的关系；发挥评奖评优引导作用，营造教学方法创新的氛围，引导教师重视教学方法的应用与实践，鼓励教师从事教学方法的探索；吸收借鉴其他高校在建设教学方法方面的做法，建立多种方式的教学经验交流渠道，让教师能够及时分享其他同事在教学方法探索过程中的经验和心得；出台激励性政策，要求名师、教授在教学工作等方面积极探索并建立科学合理的教学管理机制。

（三）充分发挥教学名师的榜样作用

在新的形势下，教学名师对教师专业的发展和对学科专业的引领，应当成为教学名师管理的重要内容。所谓高校教学名师可以理解为出名的或是有名声的有较高学术造诣、教学艺术、教学成就的教师，是高校教师中学识渊博、道德高尚、受人景仰的人。根据《教育部财政部关于实施高等学校本科教学质量与教学改革工程的意见》（教高（2007）1号）精神，高等学校教学名师奖由每三年评选一次改为每年评选一次，大力表彰在教学和人才培养领域做出突出贡献的教师。可以看出高等教育主管部门对教学名师的重视及肯定，教学名师作为高校教师的重要组成部分，他们本身所具备的优秀特征值得其他高校教师学习。大多数教师对教学名师不管在教学上，还是科研上都是比较认可的，但多数教师也认为目前我国教师名师的示范作用发挥得不够。笔者对高校教师教学方法的来源进行统计分析时发现，83.7% 的教师认为自身教学方法的来源主要是自我学习与摸索，65.3% 的教师认为是观摩与借鉴同事，来自专门培训和承袭教师这两个方面所占的比例不大。这说明了高校教师教学方法不是可以通过简单培训就能得到的。高校教师教学方法的创新要发挥教师的主观能动性，并且要充分发挥教学名师的榜样作用。高校可以通过推动名师上讲台、开设教学名师的观摩课，或者是学校组织教学名师开一系列的讲座传授创新的经验或心得，这具有现实的可操作性，不失为培养高校教师教学方法创新的一个良好途径。

（四）加强培训与引导，全面提高教师教学素质

科学合理的教学方法的实施，必须依赖于教师知识水平、教学才能和教师的素质。新技术的发展改变了知识的传播方式，要求教师具备利用先进技术的能力，要求教师以平等的、谦虚的态度来组织教学活动，要求教师具备教育学和心理学的知识，具备引导和启发学生提出问题的能力以及穿针引线的支持能力。为了适应新形势下教学的需要，高校应该改进和完善青年教师培训制度、加强师资队伍建设的政策引导，教师必须努力学习国际上先进的教育思想和方法，不断吸收新观念、新方法，以发展个性、培养创新人才为目标，在教学中探索对学生创新意识和创新能力的培养，认真学习教育理论和心理学，提高教育理论素养，拓宽专业知识面，提高学术水平。只有这样，才能成为一个符合时代要求的合格教育工作者，才可以担负起培养创新型人才的重任。

教学工作本身是一项极富创造性的工作，教师的创新能力需要在不断实践、不断探索的过程中逐渐培养起来，离开了实践，创新能力就难以养成。教学方法的改革与创新，始终是教学改革的重点和难点。一方面，必须为教师的创新实践提供各种机会和便利，尽力帮助教师解决实践过程中的一切困难，特别要尽可能为教师提供教学科研条件。另一方面，必须为教师的教育创新实践提供良好的舆论导向和氛围，尽力为创新者承担风险并消除后

顾之忧，失败不追究，成功归教师，成果推广应重奖，让每一位教师勇于实践、敢于探索、善于创新，真正地促进高校教师教学方法创新。

三、"互联网+"时代的高校课堂教学

美国学者肯·贝恩在《如何成为卓越的大学教师》一书中说："如果学习对人们的思想、行为和感觉方式不能产生持久的实质性的影响，那么学习将毫无意义而言。"纵观古今中外，卓有成效的教育永远着眼于培养具有道德良知、完善人格、独立思考能力和自我成长能力的人才。尤其是在社会经济飞速发展、科学技术水平不断提升、消费主义思想渐次盛行、各种信息瞬息万变的"互联网+"时代，个体的学习语境、学习途径和学习方式都发生了天翻地覆的转变，面对新的挑战和机遇，高校课堂必须遵循"以人为本"的原则，将传道授业解惑与尚德修能成长结合起来，在细节处落实对人心的关怀。其具体表现为：

（一）以生为本，精心备课

认真备课、备好课是上好一堂课的基础。具体来说，备课的主要内容有：备知识点、备学生、备课堂。

1. 备知识点

首先要保证知识点的准确性、科学性和严谨性，无论是上专业必修课，还是专业基础课，抑或是公共选修课，笔者都会在备课过程中大量查阅各种专业资料，保证每个知识点的表述都准确无误。对于目前学术界有争议的热点话题，笔者会客观讲述争议双方的论点，引导学生进行自己的思考。其次，知识点的讲解需要例证分析的辅助。如何选择合适的、有吸引力又有启发性的例子，也是备课的重要环节。以笔者所讲授的"文艺心理学"课程为例，作为一门理论性较强的文艺学课程，笔者在讲解每个知识点时，往往会选择两个例子，一个是经典的文本例证，另一个则根据时代文艺新现象和学生的兴趣点及时更新。比如，为了讲解"形式与内容的对立统一"这个知识点，笔者在保持卡尔维诺的经典小说《分成两半的子爵》的基础上，几年内先后更换了《世界上所有的夜晚》《少年派的奇幻漂流》《钢的琴》等多个例子。尽量做到根据时代热点选择合适的例子，用这个例子引起学生的兴趣，再引导学生去重温经典的文本案例，同时培养学生运用所学理论去分析文艺新现象的能力。

2. 备学生

所谓备学生，主要是指要充分了解学生的知识储备、兴趣所在和接受心理。以"文艺心理学"课程的教学为例，从知识储备来说，此课程是文艺学系列课程的专业选修课，一般为汉语言文学专业大三学生开设，此前学生已经学习了"文学文本解读""文学概论""文学批评方法论""美学概论"等专业课程，拥有一定的文本阅读经验和专业基础知识储备，所以，"文艺心理学"课程主要是从"心理学"这个角度引导学生进行更深入的文艺研究，重要的是理论视野的引入、研究思维的培养，而不是文本的解读。

从兴趣所在来说，学生一方面会对最新的文艺现象感兴趣，另一方面又大多会停留在对文艺新现象的感性解读上。这就要求教师在及时把握文艺界新动向的基础上进行理论的引导，从兴趣出发，引导学生逐渐形成理性思辨的思维模式。

从接受心理来说，既要按照从易到难、逐层深入的学习规律来安排知识点的讲授顺序，又要调动学生的学习积极性和主动性，设置恰当的互动环节，让学生在平等对话的过程中掌握知识点、提高学习能力。

3. 备课堂

备课堂主要是指对课堂教学整体过程的预设把握，虽然说课堂上会出现各种突发情况，但备课时也应该在自己能预知的情况下做好充分的准备工作。例如，某个知识点的讲解会引起学生的什么反应？互动环节的设置会有什么样的预期效果？如果学生积极参与该如何引导？如果学生积极性不高又该如何处理？久而久之，随着教学经验的增长，对课堂整体状况的把握也会愈加成熟。

（二）运用新技术，塑造新课堂

麦克卢汉说："媒介将重新塑造它们所触及的一切生活形态。""互联网+"时代，高校教育面临的最大冲击就是网络快速发展带来的信息急遽扩张，学生不再是囿于象牙塔内嗷嗷待哺的孩子，而是可以随时随地超越时空畅游在无限宽广自由的网络世界。与之相应，高校课堂教学必须面对以下问题：

（1）新媒体时代，"用户大都是利用零碎的时间来获取信息，真正有效获取的也都是碎片化的、有话题性的、热点重复的信息，大量具有人文价值的信息淹没在了微博的信息汪洋中"，学生在网络上接收到的信息过于泛滥，远远超出他们的消化吸收和理解能力，与媒介带给学生的便利之处相比，教师更应该注意到的是如何引导学生提升自己筛选信息的能力。

（2）在引领学生尽情享用网络世界带来的自由便利的同时，教师更应该看到媒体技术发展所带来的"技术与人文之间的对立统一关系"，是充分利用网络进行知识学习还是被网络控制成为漠视现实的"低头族"，是在网络世界中成为泯然众人的盲从者还是保持个人独立清醒的自觉意识，成为高校教育中迫在眉睫的现实问题。

（3）互联网的传播特点决定了人们在网络上的学习方式是碎片化的，很难进行长时间集中深入的研究和思考，那么，是引导学生慢慢远离这种碎片化学习方式？还是在深入研究这种碎片化学习的思维特点的基础上因势利导，发挥其独特的作用？抑或将集中性学习与碎片化学习结合起来，优势互补？面对这些问题，高校教师必须立足自己的专业教学，认真思考、深入研究。

（4）网络知识的广泛和信息的便捷也给专业知识的传授提出了新的挑战，如果学生可以在网络上平等接受每个专业领域一流教师的视频课程教学，不同地方院校的存在是否还有必要？高校教师如何充分利用网络发展带来的便利更新自己的教学思维和教学模式，而不是逃避或抵触新媒体技术的快速发展及其带来的改变，都是"互联网+"时代高校教师要深入思考的问题。

近年来，随着媒体技术的发展，微课、慕课（MOOC）、翻转课堂等新的教学模式开始不断涌现，开启了高校教育在"互联网+"时代的创新探索之路。笔者曾经在长期的教学实践中进行过以下尝试：

①充分利用新媒体技术和网络平台，建立各种以课程学习为主题的博客、QQ群和微信群，将课堂教学延伸到课外。

②进行微课、慕课建设，让学生自己在课前完成"信息传递"部分的内容学习，将最需要同伴交流和教师指导的"吸收内化"阶段留至课堂教学，既允许学生按照自己的学习习惯来安排学习进度，增强了学生的自我管理意识，也最大限度地利用了课堂面对面教学的时间，增加师生之间的交流与互动，提高了学生的学习效率，实现真正意义上的"翻转课堂"。

③摸索碎片化学习的思维特点，尝试将碎片化学习与集中性研究结合起来，充分发挥学生的主动性。

总体而言，在媒体技术迅速提升的当代社会，高校教师更应该秉从"以人为本"的原则，尊重时代的发展和高校学生的身心成长特点，面对出生且成长在"互联网+"时代的21世纪青年，高校教师既应该注重传授专业理论知识，更应该注重培养学生适应时代、运用技术、不断创新的学习能力和思维能力，使其成为网络媒体技术的使用者，而不是被快速发展的科学技术所奴役。

（三）营造"交往对话"氛围，树立"终身学习"理念

哈贝马斯曾经说过，"人类是通过其成员的社会协调行为而得以维持下来的，这种协调又必须通过交往"，从"以人为本"的教学理念出发，笔者在平时的课堂教学中尽量改变传统的"主体—客体"师生教育模式，在师生间营造平等、和谐、共存的"交往对话"教学氛围。首先是信任学生，充分认可学生的学习主动性及兴趣爱好和现有的知识水平，在情感上对学生一视同仁并在此基础上因材施教，引导学生不断超越自我，而不是用统一的标准去衡量和评判所有的学生。其次，在和学生相处的过程中，认清并履行教师的职责，例如一旦和学生达成学习的共识，就要制定严格的学习标准，培养学生良好的学习习惯和责任感。此外，在引导学生不断超越自我的过程中还要设置逐层递进的学习难度，引导学生逐步改变他们对知识的观念，并对不同层次的学生采取不同的方法，允许学生失败、接受反馈和重新尝试，为学生创造一个安全的学习环境，激发学生内在的求知欲。

在新媒体语境下，知识更新的速度越来越快，我们这个时代的人正处在一个无时无刻不在变化的世界，新技术信息每2年增加1倍，这意味着大学一年级所学知识到三年级时就有1/2过时了；纽约时报一周的信息，相当于18世纪的人一生的咨询量。面对如此快速更迭的知识与信息，即便是人文学科，仅仅依靠学校教育的学习理念也早已过时。在文艺

学领域，各种层出不穷的文学文化现象让人眼花缭乱，要想对其进行快速、及时、有效的分析和评价，就必须树立终身学习理念，不断丰富自己的知识体系、提升自己的审美能力和判断能力。德国哲学家雅斯贝尔斯说："教育意味着一棵树摇动另一棵树，一朵云推动另一朵云，一个灵魂唤醒另一个灵魂。"从某种意义上来说，课堂教学就是教学相长的最好平台，学生在课堂上成长，教师也在课堂上成长，教育的魅力就是凭借一个又一个这样的平台，代代相传下去。

第二节　高校创新教育的科学评价

一、高校创新教育评价的内容

（一）创新教育评价的含义

创新教育评价是对应于创新教育提出来的一个新的教育评价概念，它的产生将推动教育评价的思想、理论和方法的变革和创新，将开辟一个崭新的教育评价领域，使我国教育评价研究和实践产生质的飞跃，创新教育评价的主要思想是：评价不是外力强加给学校教育的一次性任务，而是学校教育系统结构的内在机制，是学校教育赖以生存和不断向前发展的动力源，评价不是评价主体的单向性、垂直性行政行为，而是主体与客体合作为实现教育目标共同探讨，协同一致的价值判断活动，以促进学校教育者自我设计、自我构建、自我实现的不断丰富和完善的过程。

根据上述思想，创新教育评价的含义可以表述为：创新教育评价是以创新教育价值观及其创新教育目标体系为依据，运用现代人文科学方法及数学方法与技术，解析创新教育系统状态变量，对创新教育的个人本体价值和社会价值进行评鉴和判断，并为教育导向、激励和改进提供信息反馈的过程。

这一表述包含以下几层意义：

（1）坚持创新教育价值观的确立与创新教育目标分类体系的制定之间相互制约性的统一。创新教育评价要求建立创新教育目标分类体系，它是制定创新教育评价指标体系的基本依据和准则，是实施创新教育评价的纲领性文件。而创新教育目标分类体系的建立要受到创新教育价值观制约，不同价值观之下，将产生不同的目标分类体系。反之，创新教育目标分类体系则是创新教育价值观的外化物，目标分类体系的科学性就真实性地反映了创新教育价值观的正确性。创新教育价值观为创新教育评价提供了思想上的指导，而创新教育目标分类体系则为创新教育评价提供具体操作的依据，二者相辅相成，缺一不可。

（2）坚持本体价值与社会价值的统一。创新教育是"以人为本"的主体性教育。创新教育评价与传统的教育评价的分野在于创新教育评价十分注重衡量个人本体价值的实现程度。特别是对学生创新素质的评价，要着重考虑学生创新意识、创新思维、创新能力及创新品格等方面本体素质的发展状况。实质上，在个人的本体价值得以充分实现的前提之下，社会价值的评鉴也自然包含其中。这种本体价值与社会价值的统一性，是作为主体的人与客观世界之间的对象性关系所决定的；只有当个人的本体价值得以充分实现的情形下，其对象性关系才可能形成多元的立体性网络，其社会价值才可能在对象性关系网络之中凸现出来。

（3）坚持评价过程与评价结果的统一。教育评价是依据指标体系的内涵要求，通过一定的组织形式和实施系统，有目的、有计划、有步骤地搜集、整理、计算有关评价对象的信息资料，并以一定的教育价值观和主观经验对其进行评鉴，并做出相应的解释。同时，评价结果处理功能的发挥，也可以证实评价实施过程的真伪性和规范性。创新教育评价则要求评价过程与评价结果的一致性和统一性。

（二）注重发展为本

明确"教"与"学"质量指标与改革方向，把创新教育评价的重点落实到教育过程评价之中。

1. 教育评价

（1）教学内容：教学内容、课程体系结构要科学合理，必修课与选修课要有恰当的比例。要重视人才群体的非均衡发展，由于个体在智力、基础、学习方法、学习能力、兴趣爱好等方面存在差异，接受知识的多少、时间的长短必然不同，所以要因材施教，在教与学的供需上，应采取"上不封顶、下要保底、各尽所能、按需供应"的指导思想。

（2）教学方法与模式：教学方法要传授、启发、参与式教学并举，采用交互式提问、问题讨论式讲课、无标准答案作业、模拟实践等方式，把课堂教学、学术活动、社会实践与科学实验相结合，最大限度地调动和引导学生自觉能动地学习，培养学生获取知识的能力、构造知识的能力、实践动手能力，培养学生的学习兴趣并从中获得快乐。

（3）教学质量与管理：教学管理要在教学日常管理的基础上，突出教学质量管理与监督，强化目标管理。要将教师的教学方法及其教学效果纳入对教师教学质量的评价，要设立教学评价问卷调查和随机听课制度，监督教师在组织课堂教学中教学方式创新性的大小，并随机进行教学信息的收集和学生对教学意见反馈的统计与分析，利用有价值的反馈信息帮助教师改进教学方法、提高教学质量，形成"上课—考核—反馈—改进提高—再上课—再考核—再反馈—再改进提高"这样一个管理与教学互动的良性机制，有效地监控各类课程的教学质量，推动创新教育在课堂中的实施。

（4）积极进行学分制教学管理制度的改革，用学分引进考核与激励。学分制是一种以学分计算学生学习量的柔性教学管理制度，是提高教学质量的一种手段，能调动教与学两个方面的积极性，更有利于创新人才培养体系的建立。根据当前我国教育的实际，赵继、邵永滨两位同志所总结的吉林工业大学的做法与经验有一定的代表性：一是专业改造与合并，按大方向打共同基础，拓宽专业面。二是合理确定必修课与选修课的比例（我国各级教育选修课的比例都偏少）。三是"四个放开"即学生自主选择课程、选择教师、选择进程和局部约束下选择专业。四是"五个灵活"即灵活的目标模式、灵活的智能结构、灵活的选修途径、灵活的学籍管理、灵活的毕业年限。

2. 评学要突出创新思维能力、学习能力和综合素质的测评

评学既包括对学生质量及其学习效果的检查，又包括为检测学生学习效果所采用的考评内容、评价方法及相关测评制度的评价。要打破传统的评学方法，从改革考试制度入手，不单纯地以考评学、一考评学。具体来说：一是在内容上要将素质教育和创新能力纳入测评内容，将掌握大纲要求的知识水平与创新思维能力、实践动手能力和综合素质的考察方法结合起来，做到量化评测，综合考核。二要考试方式多样化。采取闭卷与开卷、笔试与口试等多种方式结合，各占一定分数比例，综合评定课程成绩。卷面考试侧重于定性地考查学生对知识掌握的程度及融会贯通的能力，其他方式的考试重在考查通过课程学习对知识的灵活运用以及在思维、实践、创新等能力方面的提高。三要考试日期灵活自主。打破课程结束后统一的考试模式，鼓励和支持学生采取多种方式完成规定课程内容的学习，申请提前考试，以便节省出时间，学习更多、更感兴趣的知识，或进行创新思维与实践等能力的训练。四要大力开展非考评学。通过写专题报告，学生以社会实践与调查报告，学术论文，参与科研项目，毕业设计与答辩等多种形式评学。五要评价方式定性与定量相结合。

（三）创新教育评价的功能

功能是教育评价所固有的一种潜在的能量，它是教育评价系统结构本质的内化。教育评价的功能，只有在评价实践活动中才得以充分表现出来。因此，人们所能认识到的教育评价的功能是其特质的外在表现形式。研究和实践表明，高等学校创新教育评价具有导向、激励、改进、鉴定和教育等几大功能。

1. 导向功能

目前，我国高等教育评价不管是合格评价、选优评价，还是随机评价，从它的全过程来看都属于形成性评价。它不仅对评价客体起到了诊断、督促、激励的作用，使评价的主体和客体都获得了全面而广泛的信息，更重要的是如何利用各种信息，改进工作。高等学校创新教育评价的导向功能是指高等学校教学评价对评价客体的工作目标以及所从事的教育教学工作的发展方向有很强的指导性、牵引性。即评什么、怎么评、什么是重点，将有力地引导评价客体在教育教学工作中朝什么方向发展、做什么、怎么做。高等学校创新教育评价的这种导向性可以使客体按照主体的意志，集中反映在教育方针和有关教育政策、规章和文件中，与要求去办学，使主体的意志为客体所认同，最终内化为客体的自觉行动。导向功能一般分为两大类型：一是强制性导向；二是激励性导向。

强制性导向是指创新教育评价作为一种外在驱动力强制性促使受评者采取预期态度和行为的一种功能形式。激励性导向是指激发内在动力，使受评者自觉自愿去采取预期态度

与行为的一种功能形式。在教育评价中，主体对客体本来就有很强的制约作用。当教育评价的主体是教育主管部门时，其强制作用更加显著。由于从开始准备评价到正式接受评价有一个相当长的发展建设时间，而且评价之后，还有一个相当长的整改时间。所以，高等学校创新教育评价必须将强制性导向与激励导向结合起来，让受评学校认识到评价的意义，将强制性导向转化为激励性导向，充分发挥积极的导向功能。

2. 激励功能

激励功能主要指高等学校创新教育评价具有刺激人的主体意识、激发人的行为动机、调节人的积极性和创造性的功效。高等学校创新教育评价的激励包含两层含义：一是评价本身作为一种外部诱因所产生的激励作用；二是通过教育评价活动，使被评价者处于激奋状态。前者是一种必然状态，只要人们有教育评价的渴求，实施教育评价就会产生一定的激励作用。现实中行政性评估采取"评建结合、以评促建"的做法，便是借助于学校师生有评价的需求，希望自身的工作、价值受人赞赏和被社会的认可。创建工作和迎评工作有较大的热情，后者则是一种使然状态。创新教育评价过程能否起到较好的激励作用，则有赖于评价者对激励规律的把握和有效地发挥。现行教育评价活动中被评者存有消极防卫心理，便是教育评价工作反而挫伤了他们积极性的例证。

现代创新教育评价要发挥很好的管理效用，就必须重视并追求评价所应有的激励功能。高等学校创新教育评价的激励功能分为自我激励功能和相互激励功能两个方面的内容，自我激励功能是被评价对象在自我评价中产生的。相互激励功能是在同行评价或行政评价中产生的。在这里要强调一点的是，高等学校创新教育评价激励功能的发挥，不能仅依靠外界力的驱动，更不能依赖于"行政专制"的管理手段，而是要通过目标导向和模范的榜样作用，促使评价客体产生一种内在的心理动力机制。因此激励功能的产生需要一定的环境和条件。它是适应于具有较高思想觉悟和价值目标追求的教育群体，这个群体对教育工作具有强烈的事业心和责任感，把评价当成自我激励和自我奋进的手段。

3. 改进功能

高等学校创新教育评价的改进功能主要指的是评价过程中的信息反馈具有及时强化成绩与经验、调控教育目标、修正错误缺失、引正前进方向的功效。在评价活动中，例如利用创新教育教学活动过程和结果的信息反馈，可以全面、客观地总结创新教育教学成绩，挖掘经验和典型，可以分析和诊断问题，找出其症结所在，并研究解决问题的办法。这一客观过程，使成绩和经验及时强化，使错误缺失及时调控和矫正，使教育系统中各种要素得到适当调整而形成最佳结构，教育目标、教育方案、教育过程、教育管理等都不断得到改进、完善和提高，从而达到教育系统的整体优化，取得最优效果。

4. 鉴定功能

鉴定功能是教育评价系统结构本质的具体反映，它一般在教育评价实施定性、定量分析，得出评价结论时才充分表现出来。高等学校创新教育评价的鉴定功能分为选拔式鉴定功能和发展式鉴定功能。例如在大学生创新素质的评价中，选拔式鉴定功能主要指依据创新教育的相对价值标准，按学生创新素质的优劣，确定每一个体在群体中的相对位置。从而"优中选优"，为较高层次的创新教育选拔合适的教育对象，以培养高素质的创新人才。这种具有选拔式鉴定功能的教育评价，是一种"效益型"评价，它注重创新教育的"效益原则"。发展式的鉴定功能是依据创新教育的绝对标准，按学生创新素质的发展水平，衡量和评鉴每一个体的目标到达度，将学生群体按不同的目标到达度分成不同的素质发展层次，然后创设适合于每一目标层次需要的创新教育，促使不同素质发展层次的学生都能享受相应水准的教育，按各自的基点向前发展。这种具有发展式鉴定功能的教育评价，是一种"公平型"评价，它注重创新教育的"公平原则"。

5. 教育功能

高等学校创新教育评价的教育功能具体表现在两个方面：一方面表现在创新教育评价实施过程中的教育评价理论与方法的普及。教育评价是一项科学性极强的开创性工作，某一区域教育者的教育评价能力在一定程度上标志着其教育科学的发展水平。开展创新教育评价，就得进行创新教育评价理论的学习和研究，掌握创新教育评价的方法和技术。创新教育评价的准备、组织、实施过程，实际上也是向教育者宣传和普及教育评价科学知识的过程。评价课题的选定，评价方案的设计，评价组织的建设，评价信息的搜索、整理和计量，评价结果的解析，评价信息的反馈等，教育者都必须亲身经历全过程，这就使他们自然地在实践中获取了创新教育评价的科学知识，增强了创新教育评价能力，同时提高了创新教育水平。另一方面表现在评价指标体系的客观要求与评价对象实际发展水平之间的矛盾。例如，在教师创新教学能力评价中，指标体系是评价的客观依据。它是关于教师创新教学素质发展目标的绝对标准，反映了社会发展对教师创新素质发展的客观要求。社会的客观要求与教师创新素质实际发展水平之间的矛盾运动，即是推动教师创新教学能力发展的动力，它将促使教师的创新素质结构的变化并不断产生质的飞跃，逐步进入更高的素质结构层次。这实际上就是促进了教师创新素质的发展。

二、创新教育评价原理

（一）创新教育评价的基本特征

1. 目标性

创新教育评价应有确定的目标，而且在同一时间内只有一个主要的目标。如果同时并存两个以上的主要目标，势必引起评价系统内各要素相互干扰与冲突，结果会大大削弱评价系统的总功能。创新教育评价必须根据评价主要目标来考虑和确定其构成要素及其相互关系。根据《中华人民共和国高等教育法》第五条规定："高等教育的任务是培养具有创新精神和实践能力的高级专门人才，发展科学技术文化，促进社会主义现代化建设。"所以，大学创新教育评价的总目标应该是督促各高等学校评价有助于高等学校培养具有创新精神、创新意识和创新能力的高级专门人才。

2. 层次性

无论多么简单或复杂的创新教育评价系统，均有一定的层次结构。表现在该系统与高一级总系统、低一级子系统及各子系统之间的关系上，从宏观层面来说，高等学校的层次性同时也决定了高等学校创新教育评价的层次性，如专科教育层次、本科教育层次和研究生教育层次的创新教育的评价是不一样的；从微观层面来说，不同层次的系统均有自己的特定功能，它们不应相互干扰、相互抵消、相互取代，上一层次包含下一层次，下一层次隶属于上一层次。评价系统中任何层次上的紊乱，必将有损于整个评价系统的效能。如教师创新教学能力的评价首先将其分为创新教学观念、创新教学能力、创新素养和创新潜能。然后在将创新教学能力又分为学科创造性教学能力、教学研究能力和研究性学习指导能力几个方面。

3. 相关性

创新教育评价系统内各要素相互关联、相互作用、相互制约、相互激励，缺一不可，且"牵一发而动全身"。如果实现高等学校创新教育评价系统的总体功能，则必须对高等学校、施教的教师及教育的对象等各要素相互协调的最佳状态。没有哪一项要素是独立的与其他要素毫无关系的。故笔者在进行创新教育评价研究时就是按照学校创新工作评价、教师创新教学能力评价及学生创造力测评几个密切相关的方面来思考的。

4. 模糊性

模糊是指不清楚的意思。例如自然界中的冷与热、干与湿、清洁与污染等事物的中间过渡中客观存在着不分明性。提及评价，大多数的人的脑海里就会出现一些圆定的模式，5分制或A、B、C、D、E或优、良、中、及格、不及格或100分制，包罗万象的内容、五花八门的栏目、数不胜数的参数等。而且趋势是内容越分越细，栏目越设越多，参数绝对量化，越来越"死"，似乎只有这样才"标准"，才"公平"，才"科学"。可实际上，这只是人们的主观愿望，客观世界并非如此。创新教育评价是不可能做到绝对客观的，因为它某些指标本身就是很模糊的。因此，我们在对高等学校进行创新教育评价时，在有些方面要做到绝对评价与相对评价相结合、定性评价与定量评价相结合，进行模糊性综合评价。

（二）创新教育评价的基本原则

原则是言论和行动必须遵守的规则，它既是客观规律的反映，又是一种约定，因而原则是主观与客观统一的产物。创新教育评价原则就是人们对创新教育评价规律的认识。确立创新教育评价的原则就是要统一创新教育评价工作的思想和行动。因此，我们在对高等学校进行创新教育评价时，必须以一定的原则为导向，在实施大学创新教育评价时要遵循以下几条基本的原则：

1. 科学性原则

创新教育是非常复杂的事物，它的发展要受到多种条件的制约。因此，我们在进行创新教育评价时要想全面、客观、准确地揭示学校创新教育工作的内涵，必须坚持科学性的原则。坚持科学性的原则必须做到两个方面：一是要以创新教育评价的基本原理为指导，对创新教育评价的对象、目的、定义、原则、续构、过程、功能、目标、指标、方法、理论基础和发展趋势等要有深刻的认识和理解。二是要确立创新教育评价要素的科学性，并用科学的方法进行评价。

2. 民主性原则

在对高等学校创新教育进行评价时必须坚持民主性的原则。在能允许评价对象参与的情况下，一定要吸收评价对象参与其中，另外还可以邀请社会及有关人员参与其中，充分发挥民主的作用。

3. 客观性原则

在设计高等学校创新教育评价方案时，对指标要素、等级标准的确定必须采取实事求是的态度，决不能主观臆断或掺杂个人感情的成分。在确定指标或标准时，决不能为了照顾某个评价对象，把不应列入的因素列入，也不能排斥某个评价对象，把应该列入的因素不列入，指标要素、等级标准及加权值一旦确定下来，任何人都不能随意更改。另外，其客观性还表现在确定的指标标准既要具有先进性，符合所追求的发展目标，又要符合当前的实际办学水平，包括办学条件、管理水平、师资水平、财力、物力、生源等工作基础的要求。

4. 规范性原则

评价指标体系应是实施评价的一种规范化的实体，没有一个统一的规范的指标体系，不仅使评价结论的可比性失去基础，而且使宏观的管理决策失去客观的依据。也就是说，每一项指标都是反映评价客体的本质特征的要素，同一级指标之间彼此独立又相互联系，上级指标同下级指标具有包含关系，系统内的指标相互是不重叠的、不矛盾的和无遗漏的，在创新教育评价指标体系设计的过程中，要选定统一的规范的方法和技术，采用统一的规范的数学法则给指标赋权，以增强评价指标体系的信度。

5. 可测性原则

实施高等学校创新教育评价，旨在得出一个定性与定量相结合的评价结果，可以帮助评价对象明确自身进步的速度。为了达到使评价结果具有可比性这一目的，这就要求设计的评价指标体系具有可测性，即评价指标体系中的每一项指标，不管是定性指标，还是定量指标，不管是模糊量，还是确定量，都可以通过一定的测量和计量技术，运用某种法则和数学模型，使之数量化，最后求得评价对象的量化分值，并得出相应的定性分析结论。

（三）创新教育评价的方法

任何教育评价活动都离不开评价方法的应用。评价方法主要是指影响评价观念和评价指导思想的哲学方法和系统方法。高等学校创新教育评价的方法主要有哲学的方法和系统的方法。哲学的方法是为正确把握教育评价中主体与客体、过程与结果、定性与定量的关系的方法。系统的方法是指导评价者全面系统地把握评价价值目标体系，注重教育评价的整体性，处理好评价过程中的动态平衡等问题的方法。认识和把握好教育评价的哲学方法与系统方法。对正确开展教育评价具有重要的指导意义。高校创新教育评价是教育评价的组成部分，有关教育评价的方法，原则上都适应高校创新教育评价。常用的形成性评价和总结性评价、相对评价、绝对评价可供其参考和采用。

1. 形成性评价

形成性评价是在推进创新教育过程中进行的评价，目的是为了及时了解推进的情况，发现问题，及时调整。其功能在于改善和发展正在进行中的活动。形成性评价的实施方法比较灵活，可以结合对创新教育的日常管理来体现这一职能，有时也可以突出重点，单独搞专题性的形成性评价。对于学校来说，形成性评价大多通过自我工作检查的方式来实施。

2. 总结性评价

总结性评价是一种事后评价，是对已经做的工作进行总结性评定。因此，评价者一般不再对评价因素进行干预，而是在自然情景中对已经发生的各种情况和取得的成效进行分析统计，与事先设定的目标进行比较，做出价值判断。总结性评价需要组织专门的评价力量，制订评价方案，搜集资料，汇总分析，然后做出评价。这样做的优点是可以保证评价结果的客观公正性，但需花费一定的人力与时间。总结性评价的操作步骤如下：

①确定评价目标

确定评价目标主要是指按事先设定的目的要求，建立评价指标体系。评价指标体系可由一级指标、二级指标、评价观察点（三级指标）组成。

②查阅资料

在查阅资料前，先把本次评价的目的要求告诉评价对象。由他们按评价目标准备好资料，并提供给评价人员。评价者在查阅过程中遇到空缺的资料，要及时通知评价对象进行补充，并且评价者在查阅过程中要按评价目标的要求做必要的摘记。

③确认资料的可信度

为了避免出现错误或个别访谈，确认资料的有效性和可靠性是必不可少的。实地考察是确认资料可信度的一个重要手段，如创新教育基地建设方面的情况，就不能单靠查阅，还需要做出实地考察，以便确认。

④对资料中的评价信息进行综合处理

采用等级评定量化技术。评价的过程是评价人员做出价值标准形成一个表象或概念性的参照物，然后在实施评价中通过现场观察、访谈、查阅资料、听取汇报等途径得到对象的实际的印象，两者之间相互比较后产生一种主观感受的过程，这种过程也就是价值判断。价值判断的主要方法有语言描述、等级评定、程度定位等，其中以程度定位最简单可行，并可得出比较精细的评价结果，因此最适宜在学校创新教育水平评价中采用。具体做法是每一评价指标设置一个过程量表，标出最好、平均、最差三个点，然后由评价人员依据评价中产生的主观感受，将其程度定位在此量表上，再量出定位点与起点之间的距离，转换成数值，就可以得出该指标数量化的评价结果了。

3. 相对评价法

相对评价是在被评对象的集合中选取一个或若干个作为基准，然后把各个评价对象与基准进行比较，或者是用某种方法排成先后顺序。相对评价的特点是根据被评价对象的整体状态确定的，其标准只适用于所选顶的评价对象的集合，对于另外的集合未必适用。相对评价是在某一类评价对象集合的内部将集合中各个元素与特定的元素进行比较，或者是把评价对象排列起来，这种评价方法，无论这个集合的整体状况如何，都可以进行比较，因而适应性强、应用面广。但是，相对评价也有很大的缺点。因为相对评价的实质是"从矮子里拔高"然而所拔出的"高个"未必是真的"高个"。所以这种评价方法，容易降低客观标准。另外，相对评价的结果并不表示被评对象的实际水平，只表示他在集体中所处的位置。因而这种评价容易使被评价对象产生激烈的竞争。

4. 绝对评价法

绝对评价是在被评价对象的集合之外，确定一个标准，这种标准被称为客观标准。在评价时，要把评价对象与客观标准进行比较。绝对评价是不照顾评价对象集合的整体状态的。绝对评价的标准比较客观。如果评价是准确的，那么评价之后，每个被评价者可以明确自己与客观标准的差距，从而可以激励被评价者积极上进。但是，绝对评价也有缺点。最主要的缺点是客观标准很难做到客观。如创造力测评时，可以发现创造才能具有十分复杂的结构，不可能用一个单独分数或指标来表示，正如一个人的智力是不能以一个单独的分数来代表一样，要做到客观并不容易。

三、高校创新教育有效评价机制的建立

（一）现行学生评价制度不适应创新教育的需要

面对知识经济的发展和科学技术的挑战，高等学校正面临着由强调知识灌输的传统教育模式向强调创新精神和创新能力培养的现代创新教育模式的转变，高等学校作为培养创新能力专门人才的高级学府，也必须进行改革，因为没有创新教育的评价就不可能有真正意义上的创新教育。传统的学生评价存在的问题主要有：

1. 评价的内容结构不完善

高等教育改革与发展的方向是注重素质教育、注视创新能力、注意个性发展，使得培养的人才在知识、能力和素质三方面达到统一。然而，传统的学生评价只强调对德、智、体"三育"的考察，评价的内容结构不甚合理，忽视了考察高等专门人才非常重要的一些特征，如创新精神、实践能力等。

2. 对智育内涵的理解存在偏差

在智育评价中，人们常常是不自觉地将课程教育视为其全部内容，在课程成绩与智育之间简单地画上等号。各项评价内容中最直观最易比较的就是课程成绩，体育在评价中所占的比例较小，而德育评价往往带有很大的主观性，评价结果就出现了"三育合一"——"智育"一枝独秀。最终导致学习成绩几乎成了评价学生优劣的唯一标准，这不利于学生的能力培养和素质提高。

3. 忽视个性特征

大学教育不仅仅是培养学生具有知类通达的学识，而应当是促进每个人的全面发展，即身心、智力、敏感性、审美意识、个人责任感、精神价值等方面的全面发展。青年学生个性差异很大，然而，现行的评价方法导致大部分学生的个性表现在评价过程中被忽视。

从上述三点中，我们可以知道现行的学生评价制度对学生的情感、意志、态度、创新个性的培养没有发挥有效的鼓励、促进和调控作用，忽视了能力目标，特别忽视了知识和方法相联系的创新个性和创新能力的培养。因此，目前学生评价制度有待于改革。

（二）多元评价——与创新教育相适应的有效机制

1. 多元评价的内涵

有什么样的教育价值观，就有什么样的教育评价，创新教育的价值观决定着多元评价的内涵。多元评价是以创新教育的价值观作为价值基础，以开发学生和教师的潜能、促进学生和教师的创新素质发展为根本任务，以激励学生和教师不断超越自我为本质，以目标多元、标准多元、方式多样为标志的教育评价。而多元评价中学生评价在改革纸笔评价内容和形式，使纸笔考试最大限度情境化的同时，努力拓宽评价渠道，采取多样化的评价方式，并且重视过程评价和活动中评价，实行笔试、口试、写实性考试、实践考试、情境考试等多种方式相结合的综合评价。

2. 多元评价的特征

多元评价着力于人的内在兴趣、动机、情感、意志、态度的激发，智力的开掘，创新精神和创新能力的培养。

（1）在评价主体上，主张使更多的人成为评价主体，特别强调评价对象成为评价主体。重视评价对象的自我反思、自我反馈、自我调控、自我完善。

（2）在评价内容上，重视人的个性和创新素质。

（3）在评价方向上，主张面向评价对象的未来发展。

（4）在评价方法上强调评价操作的真实性和情境性。比如对考试命题或对问卷的设计，要设计在真实情景中的真实问题，不设计空洞抽象"假大空"性质的问题，以便于学生形成对现实生活的领悟能力、解释能力和创新能力。

（三）高校创新教育的课堂教学评价

1. 传统教育课堂评价体系和创新教育之间的矛盾

从培养目标上来讲，创新教育更加主张的是对能力的提升和教育。它不仅能更好地加强学生对知识的关注和记忆，同时也能更好地帮助学生建立起更加完善的学习体系，在学生总结了相关学习经验的同时，学生就能对知识有更深的认识和理解。同时在创新教育的过程中，只有不断加强学生对知识的了解和掌握，学生才能更好地发现问题，并且对不懂的问题及时进行提问，教师也才能更好地对学生提出的问题进行解决。可以说，创新教育的推行和发展，能够更好地帮助学生的各项能力得到提高，尤其是学生的创新能力和想象力，在教育的推进和教师的引导下，一定会得到更大的发展。从形式上来看，创新教育作为一种新的教育教学理念，要形成开放、自由的教育形式，通过更加自由、民主的课堂氛围，学生才能更好地投入学习中来。学生的需求是教育实行的根本，教师要在教学的过程中加强创新，尊重学生的选择，更好地在课堂上引导学生进行学习，通过更好的教学氛围，建立起更好的师生关系。

2. 创新教育课堂教学评价体系的基本原则

（1）教学目标的创新性

教学目标对课堂的教学方向起着重要的引导作用，它不仅对每个环节都能进行很好的掌控和把握，同时也能帮助教师更好地掌握学生的实际学习情况，根据学生的学习反馈和状态进行对课堂教学内容的调整，尽可能地将学习状态调整到最佳的水平。传统的教学模式更加强调学生对知识的记忆，在进行教学的过程中，教师一味地向学生传授知识，让学生在不断传授知识的过程中，逐渐加深对知识的理解和掌握。但是传统教育没有对学生在课堂上的主体地位引起重视，过于关注知识的灌输，没有考虑到学生的实际学习情况，因此传统教育模式对学生的教育成果并不是很大。创新教育的课堂教学不仅是将目标转移到了学生对知识的掌握和运用上，同时还更加关注学生在教学课堂上的具体表现。在创新教学的模式下，教师能更好地通过学生在课堂上的反应对学生的知识体系和各项能力进行构建。所以在创新教育的实施过程中，教师应该主要关注两点：首先是要在教学的过程中体现出知识与能力、教学的过程与方法，还有就是情感态度和世界观的目标要相互一致，尽量保持彼此的统一性不受影响。其次就是更加关注学生在课堂上的具体情况，通过了解对学生知识的掌握、运用和潜能的培养，让学生不断进行全面的发展和进步。

（2）教学的内容上也要体现创新性

在传统教学观念的影响下，教学的内容主要是围绕教材和相关的课程进行的，主要的目的也是为学生听过更多书本上的知识和相关的内容，但是传统教学模式最大的缺点就是在课本的约束下，教学内很难进行创新和突破，学生的发散思维和其他综合能力得到锻炼的机会比较少。而创新教学在这一问题上进行了很大的改进，通过对教学过程中的掌握，不断为学生制造新的问题。学生也在发现问题和解决问题的过程中，不断地学习到更多新的知识，更好地将自己的发散思维进行深层次的培养。所以在进行创新教育的课堂教学评价体系的过程中，教师一定要在教学的过程中主要重视以下几点：首先就是将教学内容进行及时的创新和完善，根据学生的实际情况出发，制定更适合学生需求的相关知识，让新的教学内容能够更好地融入教学中去，不断满足现代教育发展的基本需求。其次就是在教学的过程中加强综合性的提升，通过在课堂的教育环节中对知识内容的创新和整理，不断完善学生的总体观念和学习意识，通过对学生创新思维的培养，增强学生的综合能力。

（3）教学策略和基本方法的创新性

在传统教学模式的影响下，课堂中教师一般都占有主导地位，学生只能跟着教师的讲课方向和思路进行学习。但是经过改革教育以后，教师和学生的角色也得到了相应的改变，教师要更加注重学生在课堂中的主体地位。通过对学生教学方式的改变，也要不断地在教学过程中开发新的教学方式，不断创新和完善，带动教学的发展。

3. 创新教育课堂教学评价方法和结果的处理

创新教育的发展是离不开教育的发展的，同时教师思想观念和教学模式的创新也对创新教育有这重要的作用和意义。在创新教育课堂教学的评价过程中，评价的方式也是相对比较多元化的。单从评价的基本主体来看就包含很多方面。教师在进行教学的过程中，不断对自身的教学水平进行提升，不断学习其他教师在教学上的优点，在学习的过程中学习好的方面，对教师自身的专业素质提升和教师综合能力的提升有着很大的帮助作用。从创新教育课堂评价方法来说，教师也可以通过在对其他教师进行课程讲解的过程中进行学习和评价，通过更多的方式进行学习。但是无论如何进行评价，都应该及时地了解反馈回来的基本信息，做到有则改之无则加勉。

四、"互联网+"时代对高校创新教育质量的要求

（一）科学教育质量观："互联网+"时代教育评价体系改革的呼唤

随着我国"互联网+"为代表的社会形态正在形成，以及教育中"两基攻坚"的完成，我国教育正在经历从"有学上"到"上好学"、从追求规模到追求质量的内涵发展转变；从追求学业成绩到追求"核心素养"的科学教育质量观转变。

1. 科学教育质量观追求学生的全面发展

全面发展不仅关注学生知识与技能获得的表现和发展，还要关注知识与技能背后的思维品质、思维模式等深层次的表现和发展，更要关注学生情感、态度、心理健康、身心发展、爱好特长等非学业表现和发展。

2. 科学教育质量观追求每个学生的个性发展

科学的教育质量观是面向全体的质量观，更是"每个人的质量观"，即教育发展要"以学生为本"，注重学生个性的发展，为每个孩子提供合适的教育环境、教育内容、教育方法与教育策略。

3. 科学教育质量观追求过程和表现的持续发展

科学的教育质量观是"过程化的质量观"，人的成长不可以简单地用考试分数，或者某一次的考试分数对其能力做出终结性的价值判断，而是要关注教育教学的过程，关注学生成长的全过程。

（二）传统教育评价亟待解决的关键问题

1. 传统的基础教育质量评价

传统的基础教育质量评价难以进行大规模的学生高阶认知能力（语音语言、口语表达等）的测试，更难客观记录学生在情感、态度方面的表现。如何利用语音技术，尤其是语音识别技术与语音合成技术对学生的高阶认知能力，如语文的口语表达、英语的听说能力、艺术的演唱能力，以及这些过程中表现出来的动机与态度等进行自动的分析与评价是当前面临的重要问题之一。

2. 现行的考试评价手段难以对学生日常的学习与发展过程进行评价

包括对学生的学习动机、学习压力、同伴关系、教师教学素养等进行实时动态的记录和刻画。如何利用现有的信息技术（包括语音技术和视频流分析技术）与评价技术对学生的学习过程数据进行多终端采集，并利用网络进行数据压缩、传输、存储、挖掘与分析，是当前另一个亟待研究与解决的问题。

3. 影响学生发展的过程性信息

影响学生发展的过程性信息异常复杂，既涉及学生复杂多样的成长环境，如学习状况、家庭环境、教学过程、学校环境、社会环境等，又涉及多个主体，如学生、家长、教师、管理者等。传统评价技术又面临着诸多瓶颈，如实时动态数据收集的困难、大容量存储的困难、智能识别与分析与及时反馈等困难，难以对过程性信息进行有效的采集、合理存储、恰当追踪，教育教学改进缺乏足够的数据支持。由此，如何利用云计算、智能识别与分析、大数据分析等创新评价模型，充分运用大数据挖掘技术，实现数据驱动管理，这是当前基础教育质量评价的又一重要研究问题。

4. 传统评价技术难以实现监测评价结果的可视化呈现

如何利用可视化技术、地理信息系统（GIS）等改进传统评价结果的呈现形式，更加有效地反馈我国基础教育质量状况，为管理决策提供可视化呈现工具，也是当前亟待解决的重要问题。

（三）注重学生全面个性发展的基础教育质量综合评价标准体系

科学的教育质量观是"基于标准的质量观"。基础教育质量标准的建立既要符合国家教育方针及相关政策文件的要求，又要遵循教育自身的规律和学生的身心发展规律。建立系统、全面、科学的基础教育质量标准体系，将有助于明确基础教育质量的方向和要求，引导社会树立正确的教育质量观。同时，它又是及时改进评价方式、评价技术，并有效监控教育质量的重要依据，也是促进我国从应试教育向素质教育完全转变的利器。

1. 宏观层面：建立健全教育督导和评价机制

宏观层面，我们要对政府履行教育的义务和责任加以监控，同时督促各级政府和教育部门树立科学的、全面的教育质量观，并对相关责任主体进行督政与督学，进而提升教育质量。

2007 年，教育部基础教育质量监测中心挂牌成立，标志着我国开始尝试构建具有中国特色的、独立的教育评价机构。该中心是在教育部直接领导下，依托北京师范大学建立的专业机构。它将对基础教育阶段学生的学习质量、身心健康状况以及影响学生发展的相关因素进行监测，向国家报告基础教育质量现状，为教育决策提供信息、依据和建议，并引导家长、学校和社会树立正确的教育质量观，保障青少年的健康成长。

2. 中观层面：建立和持续完善现有课程标准和评价标准

中观层面，我们要建立完善的、符合时代发展的课程标准和评价标准。在现有课程标准中，融入明确的质量标准。一方面规范教育教学内容；另一方面能以此标准对学校教育过程进行监督，并对教育教学结果进行评价监督，引导学校全面落实素质教育，进而全面提升基础教育质量。

3. 微观层面：建立基础教育质量综合评价的指标框架

在微观层面，我们需要建立具体而明确的学生品德和学业质量指标，并充分体现时代要求，将重视创新精神和实践能力、加强科学和人文素养及审美情趣的培养等列入考核标准。

2013 年 6 月，教育部颁布了《关于推进中小学教育质量综合评价改革的意见》，提出了五大方面含 20 个关键性指标的评价体系：一是学生品德发展水平。含行为习惯、公民素养、人格品质、理想信念四个关键指标。二是学生学业发展水平。含知识技能、学科思想方法、实践能力、创新意识四个关键指标。三是学生身心发展水平。含身体形态机能、健康生活方式、审美修养、情绪行为调控、人际沟通五个关键指标。四是学生兴趣特长养成。含好奇心求知欲、爱好特长、潜能发展三个关键指标。五是学生学业负担状况。含学习时间、课业质量、课业难度、学习压力四个关键指标。在此基础上，教育部对评价改革进行了系统设计和全面部署，并在全国遴选了 30 个地区作为国家实验区，先行先试，摸索经验，为各地落实综合评价改革奠定了坚实的基础。

（四）挑战与机遇：基于大数据的教育质量综合评价

要建立科学的基础教育质量标准体系，必然要革新评价的理念与方式。只有采用先进的评价手段，才能科学地收集、评价、分析、呈现和利用教育数据。当前，在教育质量综合评价中有效运用大数据技术，还有一些现实问题需要克服。

1. 当前运用大数据技术开展教育评价面临的挑战

首先，仍缺少直接反映基础教育质量的大数据。目前，微博、微信、百度等大数据更多来自年青一代的网民，网民的年龄比基础教育阶段学生的年龄大；能够直接反映基础教育过程的大数据还十分缺乏。其次，缺乏擅长大数据分析的专业技术人才。大数据分析既需要了解教育的专门人才，针对专业问题进行"词包"的研究，又需要大量懂得大数据分析的统计人员，还需要大量的计算机专业人员。这三者都熟悉的复合型人才更加缺乏，需要擅长不同领域的专业人才协同合作，基于共同问题开展研究。再次，目前教育大数据分析技术还不完全成熟。当前教育大数据分析还属于高大上的时髦名词，分析技术还未达到工具化、可视化、常规化，普通研究机构和研究人员还很难利用现有的分析框架开展研究。最后，针对基础教育质量的大数据研究还十分缺乏。大数据分析是新生事物，目前较多运用到商业领域，但教育上的应用还比较少，各个研究机构正逐步与大型信息技术公司合作，共同探索教育大数据分析。

2. 教育质量综合评价迎来的契机

尽管无论是评价的理论还是评价的技术，均有待加强研究和改进，但随着专业机构的不断建立、专门人才的不断培养，以及各个机构就有关核心技术不断加强研究，以及"互联网+"时代的云计算、大数据、人工智能技术的不断成熟，基础教育质量综合评价正在朝着自动化、智能化、可视化、智慧化方面大步迈进。首先，国家教育云的建设为基础教育大数据提供了大量的基础性数据和信息。国家开启了"教育管理云""教育资源云"，上面汇集了全国学生的各项管理信息和资源运用信息。这些信息直接针对学生的教育管理、教师的教研、教师的教学等，并且每年都会及时更新，为基础教育质量评价的大数据分析提供了丰富的数据基础。其次，各地涌现的以学生发展为导向的教育信息化建设为开展大数据分析提供了丰富的过程性和表现型数据。各地按照教育部要求，开展"三通两平台"的建设，尤其是"录播系统"和"学生学习系统"的建设，存储了大量的教育过程信息。这些过程信息中，既有教师上课的录音与录像，又有教师的备课信息，还有学生的学习过程信息、家长的参与信息。对这些数据进行大数据分析，将挖掘出现有数据的价值。最后，教育评价云的建设为基础教育质量大数据的科学分析奠定了基础。

2014年，中国基础教育质量协同创新中心发布了教育评价云，针对学生质量评价从标准、工具、采集、存储、分析与结果呈现，进行了全面的研究与设计，为将来的教育质量监测和评价的大数据分析奠定了专业基础。"互联网+"时代的基础教育质量综合评价不仅涉及评价机制体制的顶层设计，还涉及评价理念的革新，包括从"评价为了学习"到"评价就是学习"过渡，也涉及未来人才素质素养的理念革新，以及评价核心技术的革新。这些都是"互联网+"时代，深化基础教育综合改革必然会遇到和终将解决的一个个难题。

第六章 高校教学改革与文化融合的思考

第一节 高校教学改革的文化思考

大众文化这个词在现今的中国已不再陌生，它以各种形式迷散在我们的日常生活中，对人们的世界观、人生观和价值观的建构有着超乎想象的影响，尤其是对当代大学生的影响更为深刻，因而这也就成为现代高校教育中不可回避的一个隐性话题。为了能够让当代大学生以一个正确的视角来认识"大众文化"这一课题，清华大学、武汉大学等国内众多高校相继开设了与大众文化有关的课程。

大众文化课程的开设在高校中产生了广泛的影响。但是在现今这个文化大繁荣的背景下，如何更好地推到高校大众文化课程的改革，让大众文化更好地发挥作用是我们的一个重要课题。

一、课程建设的保障

（一）教师团队的建设

蔡元培先生说："要有良好的社会，必先有良好的个人；要有良好的个人，就要先有良好的教育。"那么要有良好的教育，就要先有一支素质过硬的教育队伍，所以培养一支梯队结构合理的优秀教师队伍是大众文化课程教学质量得以保证的根本。从学校层面出发考虑将一些文化底蕴深厚、有着丰富教学经验的老师通过师生推荐或聘用等方式吸收进大众文化的教师队伍中，并且可以突破学校的限制聘请其他高校的教师或社会上的资深专家学者。在年龄结构上既要考虑到知名学者、老教授的学识及影响力，也要注意中青年教师的培养。在知识结构上应以文化学教师为骨干，兼顾其他人文社会学科的优秀教师。同时要形成对大众文化课教师的一个综合素质培养的机制与制度，通知短期进修、定期培训或高访等形式不断提高其教师整体素养。

（二）课程地位的确立

在现行的教学体系中，许多大学将大众文化课看成了"课间餐"，是一种可有可无、可删减的课程。笔者所在的大学大众文化课程一共24学时，1.5学分，而且都是大班额授课。这尴尬的课程地位，使大众文化课程成了大学中的"鸡肋"课。许多大学生是用这种课来为自己凑学分。大众文化课程在一些高校中往往被作为一种专业课程的补充辅助课程，并没有真正确立其通识课的地位。这种现象的根源是对大众文化课程本质认识上的缺失。其实早在1933年英国文学批评家利维斯就已经提出了将大众文化教育引入学校的教学建议，1971课程专家班托克又提出了社会分层大众文化课程观；1976年另一位课程专家泰勒又提出了"校外课程"（the-out-of-school curriculum）的新概念，提出了学校应帮助学生学会选择大众文化的新建议；1989年批判教育学大众文化课程观出现，这一观点的出现不仅揭示了大众文化长期以来被排斥在课程教学之外的原因，还体现了大众文化课在文化课程教育方面的合法性及权威性，拓展了大众文化的发展空间；1998年白金汉等人又提出了媒介教育的大众文化课程观，进一步阐释了将大众文化纳入课程的必要性。时至今日经过众多学者专家的不懈努力大众文化业已成为一门成熟独立的文化课程。现在要谋求大众文化在高校教育的合理地位，首先要做的就是转变固有观念，树立正确的大众文化通识教育理念，认清当代文化大发展大繁荣的趋势，端正对大众文化通识教育的认识，在培养方案的设计与教学计划的制订上给予充分的重视和合理的学科地位。确立大众文化课程的课程独立性和时代前沿性，用与时俱进的发展眼光来看待这个老学科，使其真正成为提升学生文化综合素质的金钥匙。

（三）相关投入的保障

各种认识上的不到位，直接的后果就是各种保障的滞后与停止。但是"兵马未动，粮草先行"，充足的教学经费与相关投入是教育教学的先决条件。在许多高校大众文化课程既没有专业课、基础课特有的固定经费支持也没有学校相应政策文件条例条款的保护与关注。这种失衡的状态就是当今大众文化课程面临的窘迫情境。这一问题是高校分配执行中的认识问题，我们可以借鉴其他高校的相关经验提高专项经费及相关投入的划拨比例，也可以以选修学生人数为标准制定相应的资助规定，或者以教学效果的评估来决定经费投入数量。这些制度的出台可以极大地推动课程的改革进度，在一定程度上还可能调动教师教学的主动性，增强学科设立的实效性。

二、课程教学方式的改革

课程的教学方式是整个教学环节的根本。大众文化课作为一个以文化为教学中心的通识课，在课程的讲授中就应该以当前社会文化与日常生活转型的需要为依托，结合学生热衷的大众文化现象为学生营造出一个"快乐参与，个性思考"的学习氛围。在课堂教学过程中不宜再采用教师"一言堂"的授课方式。在课程设计及教学环节设计中可以采用一些比较灵活的模式。这样，既调动和发挥学生学习的自主性，又降低教师教学负担，提高教学质量，改善教学效果。

对分课堂在讲授和内化吸收之外，突出了课堂讨论过程。实施中最为关键的一点是把讲授和交互式学习在时间上分隔开来（相隔一周），让学生在这两个过程之间有充分的时间按自己的节奏进行个性化的内化吸收。这样，对分课堂把教学刻画为时间上清晰分离的三个过程，分别为讲授（Presentation）、内化吸收（Assimilation）和讨论（Discussion）。在这种教学模式中教师可以充分利用讲授时间完成自己的理论部分的讲授，承担课堂的主导作用。而在理论学习基础上，学生一方面对自己熟悉的电影、电视等大众文化因素有了系统科学的认识，一方面在理论的指引下他们一定对上述因素有了一个新的认识，产生新的思考，这样他们势必有话要说，所以在经过内化吸收后，我们给学生一个自由表达、互相交流的时间，是十分必要的。

在讲授的方法上，我们也可以不再单一地使用"黑板＋粉笔"的传统教学方式，采用一些现代化的手段。比如，我们可以将 Prezi 等软件引入课堂。这样不仅可以为课程教学和实践提供以"学习者为主体"的开放的、多元的混合方式，也为将来大众文化课程走入微课时代提供了前导式的技术支持。

三、课程考核方式的改革

建立一整套切实可行科学的课程考核评价体系是大众文化课程改革的必要手段之一。大众文化作为一门通识课其教育目的是要教会学生在当今这个图像文化时代中如何去面对现实的生存环境，如何看待当下人们对传统文化和传统美的漠视、排斥和对通俗文化、时尚文化青睐的流行趋势，如何认识大众文化缺乏人文精神缺少终极关怀、浅薄和艳俗的糟粕点，从而形成我们正确的世界观、人生观和价值观。这样的教育目的，决定了这门课程不太适用现在这种标准化试卷考评方式，而是应该运用先进的发展性考评方式对学生进行考核。

为了更好地完成大众文化课程对应用型人才培养的需要，考查应从单一的理论考查走向实践性运用，从重视基础知识考试转向注重综合能力素质的考评。一是在平时成绩的考核中注重学生在课堂上对所学问题的关注度和在小组讨论中的积极性。二是期末考试中可以采用项目调查的方式来考查学生对某一种身边熟悉的大众文化因素的情况调查，在调查期间可以更好地发挥学生的创新意识，学生可以更多地从他们的年龄角度，从他们的知识视野出发，来解决问题，最后形成一份调查报告。这样的考核方式充分调到了学生学习的主动性，也体现了学生在整个教学环节中的主体地位。

从 2011 年 10 月 18 日中国共产党十七届中央委员会第六次全会通过的《中共中央关于深化文化体制改革推到社会主义文化大发展大繁荣若干重大问题的决定》到 2017 年十九大报告中习近平主席再一次强调"没有高度的文化自信，没有文化的繁荣兴盛，就没有中华民族伟大复兴"，我们可以看到国家对文化社会建设的信心、决心。大众文化作为当今最活跃的一种文化现象，亟待得到更多人，尤其是青年一代的科学认识，而大众文化课程正是梳理、关护大众文化最佳的途径和渠道。我们应该认真对待大众文化课程改革这一课题，充分利用好大众文化的积极作用，最大限度降低大众文化消极因素的影响，使其成为对青年一代文化宣传的坚实阵地，更好地为文化社会的建设服务。

第二节　传统文化对高校教学改革的重要意义

中华传统文化是一个取之不尽、用之不竭的宝库，继承和弘扬优秀的传统文化，培养具有良好人文素质的各类高级专门人才，是高校义不容辞的责任。为实现好这一光荣的使命，传统文化教学改革还任重道远。相信在各校同人不懈的努力和探索下，21世纪高校的文化建设将成为推动中华传统文化复兴和发扬光大的重要力量。

一、传统文化的教育观

（一）传道为本的教学目的

儒家思想是传统的教育思想，其中蕴含了很多大道理、深奥的哲理，值得后人去细心研究、琢磨。儒家经典《大学》中写出了很多"悟道""大学之道"，这为后人教育发展提供了坚实有力的保障。其中有一句话阐述了传道为本的精髓，"大学之道，在明德，在亲民，在止于至善"，其中就蕴含了高校教育中应当遵守的内容。高校教育就好似一个大环境，要想顺应时代的发展，就应当与社会融为一体，适应社会发展，在于达到最高的"善"，教师在引导学生学习的时候要以"教会""教懂"为宗旨，而不是以应对教学任务为目的。韩愈曾在《师论》中说道："师者，所以传道受业解惑也。"其中传道受业主要指的就是培养学生拥有正确的价值观和人生观，让学生能够掌握正确做人、做事的方法，只有这样才能在未来的社会发展中站稳脚跟，可见将传统文化融入大学教学非常有必要。

（二）身心合一的教学内容

教学内容是以教学目标为基础，在传统文化中古人的教育目标就是培养高尚人格，注重人际和谐、天人和谐，所以古人十分注重思维创新，认为只有身体与心灵朝一处努力才能做到身心合一，这也是学习的最高境界。很多大学生对老师所讲的内容有所了解，但是并不能够达到教师的要求，这也就是古人常说的："看得破"并不等于"做得到"。所以在高校教学中教师一定要注重培养学生的动手能力和动脑能力。真正地做到身心合一，只有这样才能更好地培养高素质的人才，运用"以精养智"的心理训练方法来提高当代大学生的涵养。

（三）解惑为主的教学方法

"传道""受业""解惑"中的"解惑"主要讲的是教学方法，教师在教学中担任着重要的角色，而解惑是教师日常工作中的主要任务，帮助学生解答疑惑，对有疑问的学生进行引导和教育。而在如今的高校教学中，教师仍然需要将"解惑"作为主要的教学方法，只有这样才能为培养高素质大学生奠定坚实基础。不能总是牵着学生的"鼻子"走，而应让学生主动向教师提问，这样会提高课堂互动性，让学生对所学内容有一个全面的认识和了解。古代《学记》曾说过："君子之教，喻也。"主要指的是教师与学生之间的关系，教师要指点学生，开启智慧的大门，让学生愿意主动去学习。这在如今的高校教学中非常适用。以解惑为主的教学方法能够激发高校大学生的学习积极性，让更多的学生参与到学习、讨论中来，更好地提高学生的综合素质。

二、中华优秀传统文化之于高校教学的价值所在

（一）高校教学理念与中华优秀传统文化的精神内核相契合

中国传统的教育理念超越了狭隘的知识论，强调日常行为中的个人体悟。《论语》中即有言："贤贤易色；事父母，能竭其力；事君，能致其身；与朋友交，言而有信。虽曰未学，吾必谓之学矣。"日常生活中的举止应对都在无形之中反映着个体对"道"的内化和体悟，即便没有知识的习得和累积，也已实现了教化的根本目的。可见个体体悟及其外化而成的行为举止，被古人视作教化的终极目标。朱熹言："人道之门，是将自身人那道理中去，渐渐相亲，与己为一。""与己为一"即要求受教育者通过个体体悟，把圣人之"道"内化于心，使之成为自我认知的有机组成部分。这些传统的教育旨归都与"体验式"教学理念所强调的主客相融有异曲同工之处。

传统的"知行"理念是中国传统哲学体系中具有重要影响的命题。"知"与"行"的内在关系在中国哲学发展史上经历了长期的争论，充分体现出中国传统教育对实践的重视。朱熹有言："为学之实，固在践履，苟徒知而不行，诚与不学无异；然欲行而未明于理，则其践履者又未知果为何事也。"因此"行"是"知"的目的和体现，"知"是"行"的指导和规范。王阳明在朱熹"知先行后"基础上发展起来的"知行合一"理念，更是强调了"知"与"行"的相互融合与促进。因此传统的"知行"观也与"体验式"教学理念对主体参与、主客相融的强调以及通过实践形成、强化个体体验的方式相契合。

（二）中华优秀传统文化是与高校教学理念、培育目标的必然选择

当今世界文化认同的危机无处不在，即便是一度强势的西方文化，也开始觉察到来自非西方社会的文化冲击。对于每个民族而言，培育文化认同，提升本民族文化的竞争力，在多极文明中占据一席之地的时代意义都是不言而喻的，我们正是在这样的时代背景下强

调传承与发扬中华优秀传统文化，建设文化强国、培养文化自信的重要性和必要性。再从大学生个体发展的角度来看，全球化时代、开放环境以及社会转型过程中成长起来的当代大学生，其世界观、价值观、人生观的养成面对诸多因素的影响，自我认同危机面临前所未有的挑战。迫切需要高校教育立足民族传统，把中华优秀传统文化的精髓融入大学生人格的发展过程，培养他们自强自立、自我探索、仁爱诚信等美好品格，增强他们的民族自尊和文化自信，通过文化认同形成更具凝聚力的民族认同，在此基础上帮助他们更好地完成自我认同。

因此，高校中华优秀传统文化培育的终极目标是使中华优秀传统文化成为当代大学生人格发展的重要资源，同时通过大学生对中华优秀传统文化的内化，更好地实现文化的传承与发扬。为实现这一目标，传统文化的培育，不仅指文化被个体所认知、了解、接受，而且要通过个体的内化，不断使传统涵养、改造个体，进而通过个体的主观加工、个体与其所处时代的互动，增强传统文化的时代性。

综上所述，借助"体验式"教学理念，打造系统化的高校中华优秀传统文化培育模式，是有效提升大学生对中华优秀传统文化自主学习和探究的能力，培养其传承中华优秀传统文化责任感与使命感的有效路径。

（三）文化是国家和民族的灵魂，集中体现了国家和民族的品格

文化的力量，深深熔铸在民族的生命力、创造力和凝聚力之中，是团结人民、推动发展的精神支撑。五千年悠久灿烂的中华文化，为人类文明进步做出了巨大贡献，是中华民族生生不息、国脉传承的精神纽带，是中华民族面临严峻挑战以及各种复杂环境屹立不倒、历经劫难而百折不挠的力量源泉。在开创中华民族美好未来的历史进程中，文化既为经济社会全面协调发展提供强大的精神动力，也是经济社会发展的重要内容。高校是文化的最集中代表，而传统文化是整个文化体系的源头和基础，教学研究与改革是传统文化承继与发扬的最主要手段和方式。只有通过教学研究与改革，才能把古典文化与现代文化结合起来，才能使现代文化充满生机与活力，让古典文化的智慧之光照进现代人的生活，使他们优雅而幸福地走向未来。

对大学生的传统文化教学是人文素质教育的主体，是人文主义思想传播、发展和实现的主渠道。传统文化是一个国家和民族在长期的历史发展进程中创建和传承的物质与精神成果。历史发展特有的延续性和不可割裂性，要求我们对优秀的传统文化必须持继承的态度。优秀的传统文化作为特定民族世代相传的部分，联结着一个民族的过去、现在和未来，显示出一个民族在其发展过程中的同一性。传统文化的缺失意味着这种同一性的丧失，难怪有人会说，一个国家，一个民族，没有现代科学，没有先进技术，一打就垮；没有民族精神，没有优秀的文化传统，不打自垮。

第七章　高校教育的传统文化建设与传播

第一节　我国高校传统文化建设发展现状

一、高校弘扬中华传统美德工作成绩与不足

（一）高校弘扬中华传统美德工作成绩

以习近平同志为核心的党中央领导高度重视对中华传统美德的培育，把弘扬中华传统美德工作提到新的高度，为高校弘扬中华传统美德工作提供了深刻的理论指导和广阔的发展空间。高校弘扬中华传统美德工作开展得如火如荼，取得了巨大的成绩，表现如下：

1. 高校弘扬传统美德工作主动性增强

各高校经过提高弘扬传统美德意识，不断革新教育理念，丰富教学资源，改善教学软硬件条件，逐渐增加传统美德课程设置，在高校思想政治课程中，有意识地纳入中华传统文化知识，增强大学生对传统文化的认知度，甚至开设了部分以传统美德为核心内容的选修课程，把弘扬传统美德工作推向了新的高潮。例如西南科技大学开通了网络教育平台，开设了《语言与文化》《儒学复兴与当代启蒙》《中国文化概论》《中华传统思想：对话先秦哲学》，增加了大学师生学习中华传统美德知识的途径，方便了师生学习中华传统美德知识。

2. 弘扬传统美德工作逐渐科学有序

各高校通过转变教学方式，增加中华传统美德教育课程的趣味性和吸引力，拓宽传统美德教育渠道，增加传统美德知识传播频次、深度，使越来越多的大学生广泛参与进来。各高校弘扬中华传统美德工作都不同程度地在学校党委、团委的领导下展开，通过统一领导部署，各院系、社团承办，师生紧密配合，开展了弘扬中华传统美德的校内活动和社会实践活动，丰富了大学师生的业余生活，加强了高校师生的中华传统美德教育。

3. 大学生道德修养水平逐渐提高

通过高校一系列措施，高校大学生道德修养水平有了明显的提高，越来越多的人开始关注中华传统美德，总体往积极良性方向发展。

（二）高校弘扬中华传统美德工作的不足

目前，高校弘扬中华传统美德工作取得成绩的同时，也存在很多不足。只有认识到不足并加以改正，弘扬中华传统美德工作才能取得新的发展。高校弘扬中华传统美德工作不足的表现：

1. 传统美德教材缺乏，传统美德内容偏少，权重低

根据调查发现，绝大部分高校目前没有专门的传统美德教育教材，传统美德内容依赖于《思想道德修养与法律基础》。高校普遍都很重视对学生的思想政治教育，思想政治理论课程是重中之重，但传统美德内容少，权重低。众所周知，《马克思主义基本原理》《毛泽东思想和中国特色社会主义理论体系概论》《思想道德修养与法律基础》等课程在全国高校范围内被列为公共必修课。虽然思想政治理论课体现了政治性和阶级性是毋庸置疑的，但道德教育也很重要。《思想道德修养与法律基础》作为道德教育的教材，其中传统美德内容在思想政治理论课内容中所占的比重很小，考核方式也很宽松。学生无法对其深入系统地学习，往往浅尝辄止、流于形式。

2. 教育方式单一，方法不够灵活，缺乏创新

绝大多数高校特别是职业技术院校，都只通过思想政治理论课程学习简单的中华传统美德知识，或开展几次社会实践活动。很多高校在中华传统美德教育方面依然停留在说教的"填鸭式"层面，形式单一，内容枯燥，缺乏吸引力，缺乏创新，这使传统美德教育活动显得形式化，无法真正发挥其应有的作用。

3. 传统美德专业教师队伍缺乏

很多高校缺乏传统美德领域的专家教授，传统美德专业教师队伍更是凤毛麟角，传统美德知识的讲授由思想政治教师担任，所以当他们讲授时，只能根据自己的知识结构情况，在熟悉的知识点方面细讲，而在非研究领域点到即止。传统美德内容很多都已耳熟能详，但如果教师不在课件上、讲课方式上花心思，仅有的一点传统美德知识也会在枯燥的说教中沉寂下来，不再被学生关注和认识。

4. 校园文化建设滞后

"大学校园文化是指一所大学在长期办学的实践过程中，经过历史的积淀、自身的努力和外部环境的影响并且结合时代的需要而逐步形成的社会文化形态。"目前，我国高校都在校园物质建设上下足了功夫，投入很大，但在追求"大学城"的同时，高校的物质文化逐渐偏离了大学精神而孤零零的发展，与大学办学理念、校训、校风等相背离。很多高校校园活动开展很多，但关于传统美德的很少，以职业技术学院为甚。校园里的标语、格言、名人名言大都雷同，甚至和小学一样。校园标志建筑突出了后现代主义，却无法表达中华传统美德的内涵。校园物质文化与精神文化不相协调，校园文化建设的滞后，无法承载传统美德，使其无法发挥感染熏陶作用。

5. 高校大学生对中华传统美德的认知不够

大部分大学生能认识到中华传统美德很重要，也或多或少知道中华传统美德知识，但不会再主动提升自己。他们不会主动选择中华传统美德课程，很少关注中华传统美德信息，更不会主动花时间去学习，很少参加学校举行的各种校内活动和校外实践活动，在自己的日常生活中，无法将中华传统美德全部融入实践中去，造成高校弘扬中华传统美德工作失效。

二、高校弘扬中华传统美德工作不足的原因分析

高校弘扬中华传统美德工作不足甚至失效，其原因是多方面的，表现为以下几个方面：

（一）国家弘扬中华传统美德法规及制度缺失

近年来，党和国家高度重视弘扬传统文化，但从立法角度而言，弘扬传统美德缺乏法律法规保障。缺乏法律法规的保障，弘扬传统美德工作显得势单力薄，造成了社会忽视传统美德的局面。中共中央办公厅、国务院办公厅印发了《关于实施中华优秀传统文化传承发展工程的意见》，教育部印发了《完善中华优秀传统文化教育指导纲要》，也对弘扬传统文化提出具体措施，但都是指导性纲领文件，没有将弘扬传统美德工作纳入法规或制度化。由于行政文件的约束力较弱，强制性较低，规范性较少，表述通常不能深入到微观，如教育资源统筹安排、制度构建、工作细节量化等等，执行效果上刚性不足。同时地方教育部门受各种条件限制，无法制定本地弘扬中华传统美德教育有效措施，造成政策落实到高校成为一纸空文。

（二）社会对中华传统美德的负面作用

1. 社会对高校人才评判失准

在社会上许多企事业单位看来，人才与庸才的评判标准在于是否是名校，是否分数高，是否过了英语四、六级等等，而不会侧重于综合评判高校毕业生，不会去重点考查高校毕业生的职业道德素质、个人道德素质等道德水平。这促使高校大学生重视考试分数，忽视道德修养。

2. 社会需要与中华传统美德关联不够

中华传统美德更多体现在个人道德修养与价值追求上，通常无法直接体现出经济价值，而对多数企业来说，受雇者所产生的经济效益才是企业所考虑的，因此职业技能或专业技能才是首位。对于绝大多数高校毕业生来讲，为了适应社会需求，不得不加强专业知识学习或职业技能训练，而逐渐忽视了中华传统美德修养。正是因为中华传统美德与社会需求关联不够，大学生逐渐和用人单位形成默契，在这种情况下，学校的中华传统美德教育就显得无关紧要。

3. 网络时代对中华传统美德造成冲击

网络时代的社会信息喷涌而出，接收途径的多样性，接收方式快捷性、方便性、即时性与内容复杂性是其特点。网络终端无法对各种不良信息全部加以屏蔽，使得网络不良信息大肆泛滥，逐渐影响大学生的价值观、世界观，道德虚无主义、拜金主义、实用主义、个人主义和享受主义等不断冲击中华传统美德，致使大学生难以招架，越来越偏离传统美德的要求，出现了信仰危机、价值偏失、道德失衡等现象。长此以往，中华传统美德将被边缘化，中华传统美德的精神主导地位岌岌可危。

（三）高校弘扬中华传统美德力度不够

1. 高校对中华传统美德教育重视度不够

在很多高校中，就业率是学校领导首要重视的，而弘扬中华传统美德工作的成效属于细枝末节，没有引起高校领导的重视。部分高校为了提高学生就业率，提高学生专业知识水平，选择尽可能地压缩中华传统美德教育课程，弘扬中华传统美德实践活动更是少之又少，导致大学生接受传统美德教育的机会越来越少。由于高校对大学生健康成长与全面发展重视度不够，对中华传统美德教育意识不强，导致大学生难以成为德才兼备的人才，大学生进入社会后的传统美德缺失现象越演越烈。

2. 高校弘扬中华传统美德工作体制不健全

高校弘扬中华传统美德工作属于思想政治工作范畴，但思想政治工作不能全部代替弘扬中华传统美德工作，弘扬中华传统美德有其自身特点。要加强高校弘扬中华传统美德工作实效性，必须推动弘扬中华传统美德工作制度化，形成高校弘扬中华传统美德工作体系。没有统一的组织领导，弘扬中华传统美德工作将是一盘散沙，各自为战，无法形成合力；没有教育科研机制，传统美德教育水平将停滞不前；没有激励机制，老师及大学生的积极性便受到一定影响，无法激励广大师生全身心投入弘扬中华传统美德工作中去；没有监督评价机制，传统美德工作的开展情况、高校教师授课情况、活动开展情况、校园文化建设情况、大学生学习掌握情况、践行传统美德情况将无从得知，传统美德教育也就失去了实效。

3. 中华传统美德教育缺失

由于高校专业教师队伍缺乏，中华传统美德教育不能深入；由于中华传统美德教材缺乏，传统美德内容偏少、权重低，大学生学习中华传统美德教育不能深入；由于教学资源匮乏，教育方式单一，方法不够灵活，缺乏创新，学科研究不能深入；实践教育功能弱化，校园文化单边发展，共同导致高校弘扬中华传统美德教育缺失。

（四）大学生对中华传统美德认知度不高

1. 大学生对传统美德的忽视

由于高校传统美德教育力度不足、社会对中华传统美德的负面作用，大学生逐渐对高校开展的传统美德教育变得漠不关心，传统美德中的道德观念也无法付诸实践成为他们的行为习惯。大部分学生对自身道德修养水平没有认识，无法意识到他们身上或多或少出现的诚信危机、道德意识淡薄等问题，没有提高自己道德修养的自觉意识，无法从长远角度考察中华传统美德对个人发展的重要性，因此出现对中华传统美德的短视行为。部分大学生受西方腐朽思想及网络不良信息的影响，丧失对不良信息的鉴别力，对不良思想、观念的抵抗力，因而摒弃了中华传统美德。

2. 高校大学生缺乏应有的责任担当

当今世界是一个紧密联系的统一体，互联网使世界各国之间文化的交流不再受限制，文化之间彼此渗透与融合，我国传统文化受到前所未有的冲击。当代大学生对待外来文化入侵问题，主观上几乎都有坚定的立场，要坚决抵制外来文化，保护中华传统文化，但具体行动却大相径庭。大学生依然过着西方的圣诞节、追着韩国偶像剧等等，无法把中华传统美德作为自己的立身之本，没有意识到中华传统美德正面临着严峻的挑战而身影逐渐隐匿，没有自觉承担起弘扬中华传统美德的责任。弘扬中华传统美德，每个华夏儿女都该自觉继承和自主发扬。大学生作为祖国的未来，弘扬中华传统美德的中坚力量，若不主动挑起弘扬中华传统美德的重担，不承担起弘扬中华传统美德的使命，我国的传统文化必将风雨飘摇。也正是由于大学生缺乏应有的责任担当，间接致使高校弘扬中华传统美德工作实效性不高，难以取得突破。

第二节　我国高校传统文化建设路径

马克思主义告诉我们，联系是事物之间以及事物内部诸要素之间的相互影响、相互制约和相互作用。事物的发展是内因和外因共同起作用的结果。弘扬中华传统美德工作是否具有实效性，不应只停留在校园中，而必须将它放在大的社会背景下来考虑。高校弘扬传统美德工作本身并没有完全的自立性，客观存在的成效还取决于社会环境对传统美德的影响。只有国家、社会、高校、个人共同发挥作用，才能提高高校弘扬传统美德工作实效性。

一、国家要把弘扬中华传统美德工作纳入法规和制度

（一）推动弘扬中华传统美德工作立法

马克思主义强调，法律与道德都属于社会上层建筑，都是维护、规范人们思想、行为的重要手段。在社会主义市场经济条件下，德治与法治相辅相成，二者缺一不可。国家力量是弘扬中华传统美德的关键因素。中华传统美德的本质是协调人与人之间的关系，也会涉及利益关系。当没有法律保障时，自保成为本能，人们大多会选择视而不见。没有法律保护，传统美德将消失殆尽。"法律法规是推广社会主流价值的重要保证"。弘扬传统美

德是一项庞大的系统工程，单靠说服教育是势单力薄的，需要借助法律手段，以其强制性为社会提供准绳，维护、规范人们的行为。通过道德制度化甚至法律化，为现代陌生人社会弘扬传统美德提供制度保障，只有法律与道德的共同作用，弘扬传统美德工作才能取得良好效果。因此，我们有必要进一步推动弘扬中华传统美德工作立法，把弘扬中华传统美德工作上升为法律规范，使传统美德与法律法规有机结合，使人们不教而学，内化于心、外化于行。

（二）推动弘扬中华传统美德工作制度化

政府及教育部门要推动弘扬中华传统美德工作制度化，构建从中央到地方，由上至下，统一部署，分级实施的综合制度。要设立弘扬中华传统美德工作部门，组建弘扬中华传统美德工作小组，制订弘扬中华传统美德工作计划与实施方案，建立弘扬传统美德工作监督与效果评估机制。只有常抓不懈，长期坚持，弘扬中华传统美德才能真正落到实处。习近平总书记指出："办好中国特色社会主义大学，要坚持立德树人，把培育社会主义核心价值观融入教书育人全过程，坚持党的教育方针，坚持社会主义办学方向。"立德，就必须弘扬中华传统美德，办好中国特色社会主义大学，就必须推进高校弘扬中华传统美德工作制度化。

（三）改革学校评估体系的衡量标准

目前，我国几乎是对所有高校采用统一的教学评估标准，没有考虑到各个高校的办学特色和高校之间的差异性。一根尺子量到底，结果会导致我国大学发展成一个样子，这对于我国大学的发展是极为不利的。从评估指标看，主要围绕教学资源、师资队伍和学校制度进行评估，测量高校的发展水平、师资力量等。政府重视高校评估的初衷是为了监督，但由于学生和家长更关注评估成绩高的学校，所以高校更重视评估结果，将评估结果作为排名、招生的有力武器，这样会导致高校实力悬殊。政府应推动学校评估体系改革，改变统一的评估标准，根据高校办学理念及特色来综合衡量，要把高校弘扬传统美德工作情况纳入评估体系，引导高校建设更具中华民族特色的社会主义大学。综上所述，只有国家力量的带动，才能为高校弘扬中华传统美德教育工作提供强有力的制度保障和政策支持，才能将社会、家庭、网络等社会大环境统一起来，步调一致，形成一个传统美德教育综合体系，从外部环境促进高校弘扬中华传统美德教育工作。

二、社会要积极对待中华传统美德

（一）坚持正确的舆论导向

社会媒体首先要提高自身认识，反对道德虚无主义，充分肯定中华传统美德的正能量，坚持正确的舆论导向。对于传统美德要积极宣传；对于道德事件做到客观报道，客观评价，积极引导；对于失实事件、诋毁传统美德事件要坚决予以反对。只有积极健康的社会舆论环境，高校弘扬中华传统美德工作才能顺利推进。

（二）坚持客观评判高校人才

人才与庸才的评判标准不在于是否是名校，是否分数高，而应侧重于综合评判高校毕业生，应该去重点考查高校毕业生的职业道德素质、个人道德素质等等。如果一味地以名校和分数来评判人才，将会引导高校对于人才培养进入误区，甚至产生恶性循环。只有客观评价人才，综合考评高校毕业生，才能产生正确的导向，使高校培养出更多的高素质德才兼备的人才。

（三）坚持"德才兼备、以德为先"的人才理念

对多数企业来说，受雇者所产生的经济效益是企业首先考虑的，因此职业技能或专业技能才是首位，这毋庸置疑，但不能"论才不论德"。无论是企业还是社会组织乃至整个社会都应认识到，只有拥有良好的道德品质才能创造更大的效益，否则将损失更大的利益，因此，社会应倡导"德才兼备、以德为先"。

三、高校要综合强化弘扬中华传统美德工作

高校弘扬中华传统美德工作是一项综合工程，不仅需要良好的外部环境，更需要优化内部环境。高校要高度重视弘扬中华传统美德工作，着力从科学合理的机制建设，加强教师队伍教育，丰富教学资源，深化学科建设，强化实践教育功能，发挥校园文化作用和拓宽教育渠道等全方位综合强化高校弘扬中华传统美德工作。

（一）提高高校弘扬中华传统美德工作意识

市场经济体制的影响下，利益成为人们做事的衡量标准，但高校是大学生成才的摇篮，是培养德、智、体美全面发展的社会主义建设者和接班人的主阵地，弘扬中华传统美德工作又是高校德育的重要内容。高校应在关注科研成果、就业率等的同时，更重视大学生思想政治教育、传统美德教育的成效。高校若把注意力放在就业率上，而忽视学生成才过程中的传统美德教育，这无异于缘木求鱼、舍本逐末。高校在培养大学生的过程中，应高度弘扬中华传统美德工作，重视学生德、智、体、美方面全面的发展。只有这样，高校才能真正地培养出更多德才兼备、对社会有用的人才。

提高高校弘扬中华传统美德工作意识，必须学校党委牵头，组织全校师生认真学习、贯彻落实党和国家关于弘扬传统文化文件，以及习近平总书记关于弘扬传统文化重要讲话精神，明确弘扬中华传统美德工作的原因、重要性及必要性，组织学习传统美德知识，只有这样，才能有效提高弘扬中华传统美德工作者的主动性和积极性，才能增加中华传统美德教育的针对性和实效性。

（二）健全高校弘扬中华传统美德工作制度

健全高校弘扬中华传统美德工作制度，是高校弘扬中华传统美德工作取得实效性的先决条件和有力保障。高校应逐步建立和完善弘扬中华传统美德工作制度，包括组织领导机制、教学及研究机制、激励机制、监督评价机制等一系列制度安排，让高校弘扬中华传统美德教育工作有充分的指导和制度保障。

1. 组织领导机制

高校弘扬传统美德工作隶属于思想政治工作，必须在学校党委领导下进行，这是高校开展传统美德教育的前提，确保弘扬中华传统美德工作的方向正确性。"高校党委对学校工作实行全面领导，承担管党治党、办学治校主体责任，把方向、管大局、做决策、保落实。"学校党委领导要认真学习、贯彻落实总书记关于传承和弘扬中华优秀传统文化的重要论述及讲话精神，提高民族文化自觉与自信，高度重视弘扬中华传统美德工作，坚持问题导向，在实践中积极指导学校各部门协同开展弘扬中华传统美德教育工作。

2. 教学研究机制

高校弘扬中华传统美德工作的核心是中华传统美德教育，离开中华传统美德教育，高校弘扬中华传统美德工作便成了空中楼阁，而中华传统美德教育的主阵地便是课堂教育和实践教育。因此，要加强教学研究机制建设，深入开展中华传统美德教学研究，认识和揭示中华传统美德教育教学规律，对教学过程中的经验要予以总结，对教学过程中的不足进行改进，进而更好地指导教学。中华传统美德教育教学研究要做到：突出中华传统美德教学研究特色，增强研究内容与方法的针对性；转换中华传统美德研究范式，确保教学研究的科学性与前瞻性；组织专家学者，组成中华传统美德教学研究团队，促进研究者之间的交流与合作；重视中华传统美德教学研究评价，激发教学研究的积极性与创造性。

3. 激励机制

激励制度是提高教师及学生参与弘扬中华传统美德积极性的有利方式，是提高高校弘扬中华传统美德工作实效性必不可少的一项制度。目前我国高校普遍缺乏切实有效、可行的激励机制来推动弘扬中华传统美德工作。高校必须探寻制定相应的政策与规定，健全高校弘扬中华传统美德工作激励机制，积极推动弘扬中华传统美德工作的开展。激励的方式要多样化，比如目标激励、物质激励、奖惩激励等，在实际操作中要根据情况交叉融合使用。要根据大学生的不同特点，恰当选用最合适的激励方法进行激励。

学校要成立专项研究基金，确保专项基金投入，鼓励教师开展中华传统美德科研工作，激发教师工作动力。高校应定期组织开展弘扬中华传统美德工作、事迹评比，对先进集体和个人要予以表彰，对弘扬传统美德突出事迹的个人、集体予以物质奖励和精神奖励，激发广大师生积极主动参与弘扬中华传统美德。

4. 监督评价机制

监督评价制度是弘扬中华传统美德工作过程的一个重要环节。从目前高校工作情况来看，大部分高校尚未建立一套完整的监督评价体系。只有做好弘扬中华传统美德工作的监督评价工作，积极而正确地开展传统美德教育的评价工作，对弘扬中华传统美德工作过程和效果进行实事求是的分析，做出定性定量的评价，才能保证弘扬中华传统美德工作的顺利有序展开，督促传统美德教育工作者和受教育者，帮助他们客观地评价自己的工作与学习，正确认识自己，寻找原因，总结经验，改正不足。

弘扬中华传统美德工作监督评价制度，从内容上分析应包含四方面：

一是针对弘扬中华传统美德工作本身的监督评价制度。主要包括对弘扬中华传统美德工作计划制订、执行、过程、反馈等方面的监督，以及对工作结果的评估。

二是对高校中华传统美德教育的监督评估，主要包括对课堂教学设计、课程设置、教学内容与质量，以及教师教学状态、学生学习效果的监督与评估。高校要将传统美德教育课程实施以及教材使用纳入监督评估范围，制定与本校师生情况相符合的教学目标，定期或者不定期地开展教学监督和评估工作，让传统美德教育教师在日常教学中提高教学质量，让大学生高度重视中华传统美德教育。

三是对校内活动以及社会实践活动的监督评估，包括活动主题、活动前期宣传、中期开展情况的监督、后期效果评估。很多高校的注意力集中在了活动宣传达到的效果以及活动内容本身，但忽视了活动结束后的效果评价，这使弘扬中华传统美德活动变成单纯的宣传活动，并不能对学生产生更加深刻的教育意义。

四是对在校生学习与践行中华传统美德情况的监督评估。高校的教学培养方案中对每位学生的课时学习都有一定的考核标准，但对于道德修养方面却没有评价体系，如果缺少科学的监督评价体系，传统美德教育效果将大打折扣。因此，在高校中建立针对性、实效性、科学化的传统美德教育评价制度，是一项十分迫切而又意义重大的任务。高校要研究制定评价标准，这个标准就是是否帮助学生提高中华传统美德认识水平，是否自觉地践行中华传统美德。传统美德教育的评价标准具有特殊性，评价的具体标准不是整齐划一的，要根据不同受教育者的具体情况出发，从他们原有的道德水平出发，科学地确立评价标准。高校在对大学生进行传统美德情况评价时，应当对其传统美德课程学习和活动参与的具体表现进行严格考评，并纳入个人传统美德档案。

（三）丰富传统美德教学资源

教学资源是指维持学校教学活动开展，解决教学问题所必需的条件的总和，是开展中华传统美德教育的基础。没有丰富的教学资源，中华传统美德教育便捉襟见肘、难以为继。高校应加大教学资源投入，避免资源浪费与闲置，实现资源共享。

一方面高校要丰富校内教学资源，增加师资力量，根据高校实际情况匹配足够的传统美德教育教师。增加教育经费投入，鼓励教师深入开展传统美德专题项目科研。增加传统美德类藏书，为高校大学生提供营养。搭建网络平台，方便传统美德知识的传播与学习。增加传统美德实践基地，保证传统美德的实践教育发挥作用。高校要整合校内教学资源，避免资源分散、闲置与浪费。

另一方面高校要主动实现与其他高校教学资源共享，将优秀教师、传统美德藏书、中华传统美德专题科研项目成果等在高校之间流动起来，互相分享交流弘扬传统美德工作经验，促进高校弘扬中华传统美德工作共同发展。

（四）加强教师队伍教育

"今天的学生就是未来实现中华民族伟大复兴中国梦的主力军，广大教师就是打造这支中华民族'梦之队'的筑梦人"。"师者，所以传道授业解惑也"。把大学生培养成德智体美全面发展的社会主义接班人，高校老师是关键。教书育人是教师的主要职责，良好的思想道德素质是培养的首要任务。"身正为范"，教师对学生的教育不能仅通过言语，更在于教师的示范作用。教师的思想道德素养直接影响到学生素养的培养。高校教师要加强教师队伍教育，加强敬业、爱生、为人师表等中华传统美德的学习，提高教师中华传统美德素养。高校教师要主动加强传统美德学习，提高个人的道德素质修养，为大学生做好表率。

加强教师队伍教育，应包括三个方面内容：

首先，加强中华传统美德科任教师教育。通过组织培训学习、参加学术会议等方式，提高传统美德科任教师的理论知识水平和授课技能。只有他们拥有丰富的理论和教学方法，才能更好地教授学生，提高学生学习中华传统美德的兴趣，提升中华传统美德教育的效果。

其次，加强各学科教师教育。所有的教师都有育人的职责，要通过培训、会议、组织活动、知识竞赛等方式，请校外专家学者或校内传统美德任课教师，对其进行培训学习，提高高校各学科教师的传统美德素养，使教师在课堂内和课堂外都身体力行，自觉践行传统美德，为学生提供良好的示范。

最后，加强高校教职工教育。高校教职工活动于校园的各个岗位，为广大师生提供着各种服务，任劳任怨，甘于幕后，但他们也需要进行中华传统美德教育。可以通过职工活动、办公平台等，加强对他们的中华传统美德教育，提高服务水平。

只有全校园都形成弘扬中华传统美德良好氛围，大学生才能在潜移默化中接受感染熏陶，提高自身的道德修养水平。

（五）深化学科建设

要用好课堂教学这个主渠道，思想政治理论课要坚持在改进中加强，提升思想政治教育亲和力和针对性，满足学生成长发展需求和期待，其他各门课都要守好一段渠、种好责任田，使各类课程与思想政治理论课同向同行，形成协同效应。

弘扬中华传统美德，首先要抓住课堂教学这个主渠道。要充分发挥思想政治理论课的主阵地作用，逐步开设中华传统美德教育课，并努力实现中华传统美德教育课同其他学科的融合教学，构建高校中华传统美德教育体系。

1. 充分发挥思想政治理论课的主阵地作用

思想政治理论课是加强大学生思想政治教育的主阵地，对大学生思想道德水平提高发挥着巨大作用。高校要在大学生思想政治理论课方面予以高度重视，从而促进中华传统美德的传播。要加强思想政治理论课中关于中华传统美德知识的教育。要深入挖掘中华传统美德资源，对其主要内容进行整理与甄别，系统提炼要点，使中华传统美德知识便于教授，便于学生学习和掌握。同时要把中华传统美德与当前学校德育的内容相对接，从而构建中华传统美德内容体系。要不断增加中华传统美德部分在思想政治理论课中的教学比重，严格考核方式，使大学生高度重视思想政治理论及中华传统美德的学习。

2. 开设中华传统美德课程

高校要依据学生的认知规律、思想道德的形成规律和传统美德教育的规律，把中华传统美德的内容纳入教学，逐步开设专门的中华传统美德教育课。高校要组织中华传统美德方面的专家、学者和教师根据中华传统美德内容，结合区域实际，编写中华传统美德教材。在教材编写方面，要将有关传统美德方面的内容进行整理、归纳，使之系统化、理论化、简明化，明确弘扬中华传统美德教育教学目标和定位。

在课程设置方面，将中华传统美德教育课纳入必修课的教学计划。使大学生通过对具体课程的学习，站在理论的高度上对传统美德有系统而全面的理解，并且认识到开展传统美德教育的必要性。要严格中华传统美德教学考核方式，尝试逐步建立大学生传统美德档案，通过考试与考查相结合的方式，督促大学生学习并践行中华传统美德。

3. 促进中华传统美德内容融入各学科

在理论层面，不断丰富中华传统美德教育方法研究，使教师在教学活动中加强中华传统美德教育的技巧性；在教学层面，立足中华传统美德，兼蓄少数民族传统美德，辐射其他知识文化；在学科层面，要寻找中华传统美德教育与其他各学科的共融点，推动各学科之间的有机结合教学，使大学生在学习专业知识的同时接受中华传统美德的熏陶。要创新教学手段，充分利用现代教学设备，增强中华传统美德教育的吸引力；创新教学理念，转变原有的"填鸭式"教学方式，升级中华传统美德教育教学模式，增强传统美德教育的生活化与简明化，从而实现教育的人文关怀，构建中华传统美德教育体系，促进中华传统美德教学切实有效。

（六）强化实践教育功能

"纸上得来终觉浅，绝知此事要躬行。"中华传统美德教育不能只停留在书本上、课堂上的理论，还必须通过具体的实践活动来加深理解。高校要强化实践教育的功能，通过主题鲜明的弘扬中华传统美德实践教育活动，强化大学生中华传统美德教育，加深对中华传统美德的理解，同时扩大活动影响力，让更多的人参与进来，放大实践活动的外部效应。

开展弘扬中华传统美德的活动形式可以多种多样，内容可以丰富多彩。如中华传统美德征文比赛，中华传统美德专题海报比赛，中华传统美德主题绘画、书法比赛，慰问敬老院老人等等，使大学生在参与活动的过程中进一步了解中华传统美德的丰富内涵，在实践活动中践行中华传统美德，同时向社会展示自己的精神风貌。高校可以组织大学生参加以中华传统美德为主题的读书活动、学术报告会、讨论会，引导大学生阅读传统美德相关的经典书籍，增长传统美德知识；也可以针对当下大学生缺失的劳动观念、过度消费、礼貌意识淡薄、诚信危机等问题，在校、院（系）两级范围内，定期或不定期开展以勤劳、节俭、懂礼仪、讲诚信等中华传统美德为核心的主题活动。高校还要通过组织大学生参加弘扬中华传统美德的社会实践活动，使学生在实践活动中潜移默化地接受中华传统美德教育，学习中华传统美德知识，感受中华传统美德的魅力，自觉弘扬中华传统美德。

（七）发挥校园文化作用

品位高雅、底蕴深厚的高校校园文化不仅是高校思想政治工作的重要窗口，也是高校继承和弘扬中华传统美德的重要载体。高校应加强校园文化建设，将中华传统美德融入校园文化中，充分发挥校园文化约束人、感召人、影响人、教育人的熏陶感染作用，营造良好的中华传统美德氛围，潜移默化地影响大学生。

1. 科学统筹规划校园文化建设

优美整洁的校园环境与富有人文气息的校园氛围，对大学生精神境界的提高具有至关重要的作用。高校应科学统筹规划校园文化建设，坚持物质文化和精神文化"两手抓"，优化育人环境，避免盲目扩建引起的趋同化风格，重点突出校园精神，更要体现弘扬中华传统美德，使整个校园的文化形成统一体，真正发挥育人功能。

2. 提升校园文化建筑设施内涵

高校要加强中华传统美德教育载体建设，在校园规划和建设过程中，将中华传统美德融入建筑美学之中，提升校园品位，营造浓厚的教育氛围，用校园环境传播中华传统美德知识。有的高校积极建设新校区，轻视校园物质文化建设设计，忽视中华传统美德元素融入校园建设，追求欧美风、英伦范的西方建筑风格，对师生产生了不良的影响。高校应建设蕴含中华传统美德元素的建筑、文化长廊、文化广场、教学楼，精心设计和布置大学校园内的走廊、教室、活动室等公共场所及相关公共设施，包括墙壁上的标语、名人画像、格言、警句等，在形式上要美观典雅，在内容上要体现中华传统美德，充分发挥校史馆、历史遗迹等校园景观的育人功能。

3. 利用校园文化载体，宣扬先进事迹，传递传统美德正能量

校园文化载体是丰富大学生校园生活、扩大知识范围、培养兴趣爱好，丰富精神世界的重要工具，也是帮助大学生全面发展的一个重要隐形环境。高校要充分利用校园广播、校园电视、校园网络、宣传栏、报栏、通知栏等校园文化载体，有意识地多宣扬弘扬中华

传统美德方面的先进事例，充分发挥先进事例的榜样作用，让更多的人学习先进事迹和榜样，从而在全校园范围内营造积极浓厚的弘扬中华传统美德的氛围。

（八）拓宽传统美德教育渠道

1. 充分发挥网络新媒介的作用

科技飞速发展的今天，在信息技术的推动下，新媒介正不断崛起。网络给高校弘扬中华传统美德工作带来严峻挑战的同时也带来了新的机遇，新媒介教育教学已势在必行。每年互联网使用人群都在迅猛增加，而高校大学生几乎都是老网民，他们是网络中最活跃的群体。大学生对网络有着强烈的好奇心，不断探索着网络的各个领域，也从网络中学到了很多知识，因此他们反映速度最快，最能随着科技的进步而进步。大学生接触最频繁的新媒介主要来自智能手机、平板、电脑等智能终端，从学习到娱乐，从购物到出行，从交作业到考试报名……都能在这些智能终端上实现，新媒介以其娱乐性和实用性，成为广大师生获取信息、沟通交流的重要途径。

高校教育工作者应利用院（系）官方公众号、官方微博、QQ 群、校园 APP 等，发挥其即时性、丰富性、交互性、开放性、多样性的特点，推送文字、图片、链接、小视频等形式，多内容、多角度、多层次表现中华传统美德，不断将中华传统美德的正能量渗透进新媒介中，潜移默化地影响大学生。

高校还应该大力建设校园网络，增加带宽，提高网络传输信息速度，方便师生上传下载，方便中华传统美德的传播；大力建设校园无线网络，覆盖校园所有角落，使中华传统美德的传播不受网络限制；大力建设网络教育平台，开设传统美德相关公开课，增强公开课的吸引力，并和大学生双向互动，通过点赞、评论等方式获取信息反馈。

高校在利用新媒介的同时要加强校园网络监管，自动甄别筛选信息，正确避免网络不良信息，减少其对大学生的负面影响。

2. 将传统美德教育扩展到校园生活的方方面面

推动弘扬中华传统美德工作，高校要不断创新教育方式，开拓新的教育渠道，充分利用学校的方方面面，发挥育人的功能。可以推动中华传统美德进寝室、进食堂、进班会、进组织生活。寝室是大学生的主要活动区域之一，可以号召大学生进行以中华传统美德为主题的寝室文化建设，并通过评比、奖励等方式，调动大学生的参与积极性。班会和组织生活是大学生最集中的时候，相对于课堂它们更具有开放性、自由性，可以在这个集中时间，通过主题班会等，开展传统美德主题教育，加深对中华传统美德的理解。

四、大学生要加强传统美德教育自觉意识

（一）主动提高中华传统美德认识

中华传统美德是中华民族五千年文明的精髓，是我国劳动人民智慧的结晶。它不仅在

历史上发挥着重要作用,在新时代社会主义的今天依然闪烁着光芒。它不仅能完善大学生的人格,培养正确的人生观、世界观、价值观,也是抵御西方拜金主义、个人主义和享受主义的有力武器。网络信息化时代,使地球距离变得越来越小,信息的传播没有了时间和空间的限制。各种信息充斥于网络,正面的、负面的、积极的、消极的,鱼龙混杂,网络不良信息掺杂其中,黄赌毒泛滥,由于大学生缺乏足够的判断力与意志力,往往沉溺其中而无法自拔。从个人健康成长角度而言,大学生要充分认识弘扬中华传统美德重要性,提高弘扬中华传统美德意识,增强学习主动性,促使自身逐渐提高个人道德修养,增强抵御网络不良信息的能力。从保护中华传统美德角度来说,西方文化及主流观念利用网络大肆入侵,拜金主义、实用主义、个人主义和享受主义等不良思想观念不断蚕食中华传统美德,使得大学生逐渐被西化。作为华夏儿女,怎可视若无睹,任由中华传统美德消沉与没落?大学生要主动提高弘扬中华传统美德认识,自觉承担弘扬中华传统美德使命,增强学习中华传统美德主动性,充分认识其重要性,这样才能自觉抵御拜金主义、实用主义、个人主义、享受主义、历史虚无主义等观念,重新树立中华传统美德的主导地位。

(二)主动学习中华传统美德知识

面对西方不良思想观念的不断侵蚀,中华传统美德面临前所未有的挑战,作为中华民族的一员,大学生担负弘扬传统美德使命责无旁贷。因此,当代大学生要主动学习中华传统美德,自觉抵制西方不良思想。当代大学生要主动学习学校开设的思想政治教育课及中华传统美德课,主动学习中华传统美德知识,主动参加学校组织的各类弘扬传统美德校内活动和社会实践活动。利用空余时间,主动参加公益活动,在活动中加深自己对中华传统美德的理解和认识。只有充分掌握中华传统美德理论知识,才能提高道德修养水平,提高抵抗力应对不良思想,才能在生活中去践行中华传统美德。只有人人学美德,才能人人懂美德。

(三)主动践行中华传统美德

弘扬中华传统美德,仅靠课堂学习知识理论是不够的。大学生要将所学,结合自身实践,运用到生活、工作、学习中去,还要运用到家庭、单位、社会中去。

主动践行中华传统美德要做到以下几点:

第一,在生活中应该养成懂美德、用美德的好习惯,时刻用中华传统美德要求自己,用中华传统美德检查监督自己的行为;同时敢于指正身边的不道德的行为,自觉维护中华传统美德;对待生活要积极乐观;对待工作要全力以赴,忠于岗位;对待学习,要孜孜以求,不能蜻蜓点水,人生在勤,不索何获;对待家庭,要尊敬和孝顺父母,爱护兄弟姐妹;在单位里,要团结同事,与同事和睦相处;在社会中,要谨言慎行,讲文明,懂礼仪,讲诚信,有责任心和爱心。

第二,主动传播中华传统美德。每个大学生都应该用自己的力量向身边的人传播中华传统美德，传递正能量，感染身边的人。可以用自己的力量支持公益事业，参加公益活动，这也是传播中华传统美德的重要途径。只有人人行美德、传美德，才能逐渐形成全社会弘扬中华传统美德的良好风气。

第三节　高校传统文化的交流与传播

一、高校弘扬中华传统美德工作内涵及特点

（一）高校弘扬中华传统美德工作的内涵

关于传统美德教育，学术界已经给出界定。"中华民族传统美德教育，就是以中华传统美德为内容，对广大青少年，特别是对中小学生有组织、有目的、有计划地施加系统影响的活动。"从目前的专著及文章来看，学术界没有单独使用"弘扬中华传统美德工作"，而是绝大部分使用"传统美德教育"，将弘扬传统美德工作等同于传统德教育。如同很多情况下，学术界把"思想政治工作"和"思想政治教育"等同使用一样。

笔者认为，传统美德教育与高校弘扬中华传统美德工作存在一定的区别，有以下几个方面：（1）两者的适用范围不一样。传统美德教育主要用于教育领域。从学术界研究对象来看，接受传统美德教育的对象群体为小学生、中学生、在校大学生或者教师等等。而弘扬中华传统美德工作的使用范围更广。（2）两者的作用点不同。传统美德教育侧重于意识形态的灌输，旨在缩小教育者所要求达到的道德修养水平与受教育者道德修养水平上的差距。而弘扬中华传统美德工作侧重启发、诱导、说服受教育群体。（3）划分层次方式不同。传统美德教育可以分割为特定群体传统美德教育和一般群体传统美德教育，而弘扬中华传统美德工作可以分割为高校弘扬中华传统美德工作、企业弘扬中华传统美德工作、医院弘扬中华传统美德工作等等。因此，传统美德教育和弘扬中华传统美德工作两者是有区别的。传统美德教育和弘扬中华传统美德工作的联系是必然的。弘扬传统美德工作指导传统美德教育，制定传统美德教育的目标、任务、方法、步骤等。

传统美德教育是弘扬中华传统美德工作的重点，弘扬传统美德工作目标的实现依赖于传统美德教育这一重要手段。因此，两者密不可分、相辅相成。

综上所述，笔者认为，高校弘扬中华传统美德工作是指我国高校在马克思主义理论、中国特色社会主义理论体系及习近平中国特色社会主义思想指导下，通过各种教育形式、渠道、方式方法，以中华传统美德为内容，对在校师生施加有计划、有目的的影响，旨在继承与发扬中华传统美德，提高大学生道德修养的一系列实践活动的总称。

（二）高校弘扬中华传统美德工作特点

高校弘扬中华传统美德工作属于思想政治教育的范畴，具有高校思想政治工作的普遍特性。

在新时代，高校弘扬中华传统美德工作又具有了新的特点：

1. 深刻的理论指引

党的十八大以来，习近平总书记围绕弘扬中华优秀传统文化、传承中华传统美德做出一系列重要论述。他指出："要继承和弘扬我国人民在长期实践中培育和形成的传统美德，坚持马克思主义道德观、坚持社会主义道德观，在去粗取精、去伪存真的基础上，坚持古为今用、推陈出新，努力实现中华传统美德的创造性转化、创新性发展，引导人们向往和追求讲道德、尊道德、守道德的生活，让13亿人的每一分子都成为传播中华美德、中华文化的主体。"以习近平同志为核心的党中央高度重视对中华传统美德的培育，把弘扬中华传统美德工作推向新的高潮，为高校弘扬中华传统美德工作提供了深刻的理论指导和广阔的发展空间。

2. 继承与创新并存

习近平总书记指出："要加强对中华优秀传统文化的挖掘和阐发，努力实现中华传统美德的创造性转化、创新性发展，把跨越时空、超越国度、富有永恒魅力、具有当代价值的文化精神弘扬起来，把继承优秀传统文化又弘扬时代精神、立足本国又面向世界的当代中国文化创新成果传播出去。"传统文化是我们民族的精神命脉，是文化软实力的最深厚体现。中华传统美德需要青年一代的继承与发扬。但高校弘扬中华传统美德不是一个全盘接收的过程，而是需要创造性转化，只有取其精华、去其糟粕，综合创新，对传统美德加以筛选，才能使中华传统美德符合时代需要，使大学生符合社会主义建设的需要，真正意义上转化为中华民族的软实力。

3. 工作方式多样化

网络时代改进了人类思维方式、工作方式和交流方式。以往的灌输课堂教育下的弘扬中华传统美德工作遇到了新的机遇。网络时代下，高校弘扬中华传统美德工作方式可通过课堂多媒体、高校网站、校园论坛、公众号、微博、QQ等新媒体方式得以呈现，极大地促进了教学模式的改革，使得教学更加灵活与方便。

4. 工作环境日趋开放和复杂化

网络时代在给人们生活、工作、学习带来方便的同时，也给弘扬中华传统美德工作带来了更加严峻的挑战。信息化时代给予了高校大学生更为方便、快捷的信息接触方式，网络下的各种信息传播渠道均可以即时、快捷、高效地获得各种资源，这使得各种信息泥沙俱下进入大学生意识。网络的开放性必然导致汇入信息的复杂性和相互交融性，由此使高校弘扬中华传统美德工作的环境也变得复杂化。

二、新时代高校弘扬中华传统美德工作意义及必要性

十九大报告指出："经过长期努力，中国特色社会主义进入了新时代，这是我国发展新的历史方位。"新时代的历史使命是实现伟大梦想，高校大学生是实现中华民族伟大复兴的重要历史主体，他们的思想道德水平与健康成长关系社会发展、中华传统美德的弘扬，因此在中国特色社会主义新时代，高校弘扬中华传统美德意义重大、形势紧迫。

（一）新时代高校弘扬中华传统美德工作的意义

1. 有利于提高大学生道德素质，促进大学生健康成长

党的十八大提出育人的目标是"立德树人"，这表明党和国家更重视对大学生道德素质的培养。马克思在《1844 年经济学哲学手稿》中提出，人的全面发展是"人以一种全面的方式，也就是说，作为一个完整的人，最终占有自己的本质。

"国无德不兴，人无德不立"，"只要中华民族一代接着一代追求美好崇高的道德境界，我们的民族就永远充满希望。"当代大学生就是中华民族的希望，只有提高大学生的道德素质，将其培养成合格的社会主义接班人，民族才有希望。高校是传播科学文化知识的殿堂，更是大学生健全人格的塑造基地、思想道德修养的熔炉。促进大学生的全面发展是高校的应有之责。中华传统美德拥有丰富的思想道德资源，是高校培养大学生道德人格最直接、最重要的手段，是大学生提高个人道德修养的最好精神食粮。

"天行健，君子以自强不息""地势坤，君子以厚德载物"，如同烙印深深地印在中华民族每个灵魂里，始终激励着我们，成为我们的座右铭。"穷则独善其身，达则兼济天下"教育我们戒骄戒躁，低落时不自暴自弃，成功时也不骄傲自大。"人而无信，不知其可也"更是告诉我们诚信的重要性。传统美德为我们的行为提供了准则，为大学生的成长提供了正确的导向。千千万万中华儿女正是以此为准绳，不断地传承与创造，才有了历史的辉煌和今日的崛起。

因此，弘扬中华传统美德工作在"四有"新人的培养中发挥重要功能，有利于形成正确的价值观，有助于提高大学生的纪律性和遵守道德的自觉性，促进大学生健康人格的形成，对于大学生健康成长具有重要意义。

2. 有利于弘扬社会主义核心价值观

习近平总书记在北京大学师生座谈会上谈道："我们提出的社会主义核心价值观，把涉及国家、社会、公民的价值要求融为一体，既体现了社会主义本质要求，继承了中华优秀传统文化，也吸收了世界文明有益成果，体现了时代精神。"社会主义核心价值观不是无本之木、无水之源，不是凭空臆想的，而是从中华传统美德里凝练的。"国家兴亡，匹夫有责"正是爱国的表现；"功崇惟志，业广惟勤"表达着敬业的精神；"善气迎人，亲如弟兄"传递着友善……社会主义核心价值观的基本内容是在中华民族长期发展过程中孕

育形成的，与中华传统美德有着高度的内在契合性。中华传统美德为社会主义核心价值观提供了丰厚的营养。中华传统美德流淌在每个中华儿女的血液里，扎根于每个中华儿女的灵魂和骨子里，因此，大力弘扬中华传统美德，能真正促进社会主义核心价值观被人们内化于心、外化于行，贯穿于社会生活的方方面面。因此，高校开展弘扬中华传统美德工作有利于弘扬社会主义核心价值观。

3. 有利于调节社会矛盾，维护社会长治久安

"己所不欲，勿施于人"，讲仁爱是中华传统美德中最具特色的。孔子认为，只有人人仁爱，社会才能和谐。"君子养心莫善于诚"，只有诚实才能人与人和谐相处，荀子要求我们守诚信。只有守诚信，社会才能安定。"君子义以为上""行义以达其道"，孔子要求我们义利。"礼之用，和为贵"，"天时不如地利，地利不如人和"要求我们尚和合。中华民族比世界上任何一个民族都更重视和懂得"和"，懂得只有和，社会才能向前发展，民族才能进步。家和万事兴，人和国太平，也正是因为和，才有了中国历史上一个又一个文明高峰，才有了今日的跻身于大国之列。爱国、平等、包容等观念正是源自中华传统美德。大学生即将进入社会，其道德水平关乎国家整体素质的提升、社会的稳定与发展。大力弘扬中华传统美德，有利于提高大学生道德素质，进而调节社会矛盾，自觉维护社会稳定，为社会发展创造安定良好的环境。

4. 有利于中华传统美德的继承与发展

中华传统美德是华夏文明的瑰宝，经久不息的影响一代又一代中国人的思想观念、行为方式和人格健全，形成了我们特有的民族思想道德环境。中华传统美德为我们的行为提供了准则，为大学生的成长提供了正确的导向。千千万万中华儿女正是以此为准绳，不断地传承与创造，才有了历史的辉煌和今日的崛起。大学生是祖国的未来、民族的希望，中国文化和传统道德是他们的精神脊梁，他们是实现中华民族伟大复兴的重要历史主体。高校弘扬中华传统美德工作的目标与任务就是通过系统方式，强化当代大学生中华传统美德素养，激发他们的潜在力量，自觉继承与弘扬中华传统美德，因此高校弘扬中华传统美德工作有助于提高大学生继承与弘扬中华传统美德意识，自觉继承与弘扬中华传统美德。

5. 有利于伟大梦想的实现

党的十九大报告鲜明提出："进入新时代，实现伟大梦想，必须进行伟大斗争、建设伟大工程、推进伟大事业。"习近平总书记指出："实现中华民族伟大复兴，就是中华民族近代以来最伟大的梦想。""精神的力量是无穷的，道德的力量也是无穷的。中华文明源远流长，孕育了中华民族的宝贵精神品格，培育了中国人民的崇高价值追求。自强不息、厚德载物的思想，支撑着中华民族生生不息、薪火相传，今天依然是我们推进改革开放和社会主义现代化建设的强大精神力量。"实现中华民族伟大复兴，必须凝聚人心，凝聚向心力，增进文化认同，推进文化强国建设。只有大力弘扬中华传统美德，才能凝聚千千万万华夏儿女，使13多亿中华儿女紧密团结在以习近平同志为核心的党中央周围，

共同乘上驶向中华民族伟大复兴的航船。新时代赋予当代大学生实现中华民族伟大复兴的重大历史使命，高校弘扬中华传统美德工作为大学生完成使命提供了充分的精神动力保障，因此，高校弘扬中华传统美德工作有利于实现伟大梦想。

（二）新时代高校弘扬中华传统美德工作的必要性

1. 提高大学生道德修养的内在需要

当前，大部分学生没有提高自己修养的自觉意识，更不谈主动学习传统美德知识。例如，高校会开展传统美德主题活动，但很多学生认为没意思，他们更乐意选择窝在寝室里打网络游戏。很多学生崇尚享受主义，满足于物质享受，甚至为了物质需求而践踏自己的人格。他们无法意识到这些消极的思想严重损害了身心健康发展。高校大学生中出现的诚信危机、道德意识淡薄等问题几乎是受西方腐朽思想及网络不良信息的影响，根本原因是大学生自身对传统美德的忽视，没有形成对不良信息的判断力，对不良思想、观念的抵抗力。随着全球一体化节奏加快，科技进步日新月异，我国改革开放程度的进一步扩大，网络上各种思想文化交流更加频繁，中西文明交锋更加凸显。当代大学生拥有非常活跃的思想，对外来事物的好奇心很强，追求个性与多样化的价值观念。网络及现实社会上非健康思想和非道德行为对大学生的成长产生了极恶劣的影响。面对纷繁芜杂的国内外环境，不得不提高大学生道德修养，使其形成良好的个人素质，提高思想境界，从而树立正确的价值观、人生观、世界观，自觉抵御西方不良思想的侵害。加强大学生道德修养，必须加强弘扬中华传统美德工作。

2. 社会主义精神文明建设的客观要求

社会主义精神文明建设包括思想道德建设和教育科学文化建设。思想道德建设是为社会主义建设提供精神支持和动力支撑，加强社会主义精神文明建设能提高我国的综合国力，提高中华民族向心力和创造活力，能满足人民精神世界的需要，是国家富强、民族振兴、人民幸福的根本与源泉，有利于全面建成小康社会和中华民族伟大复兴的实现。提高整个中华民族的思想道德素质是社会主义精神文明建设的要求。中华民族思想道德素质的提高，有赖于中华传统美德的传承与弘扬。因此，弘扬中华传统美德教育是社会主义精神文明建设的客观要求。

3. 继承并发扬中华传统文化的必然要求

"自强不息""厚德载物"常常萦绕耳旁，"苟利国家生死以，岂因祸福避趋之"令我们感叹，"己所不欲，勿施于人"教会我们待人处世的原则，"先天下之忧而忧，后天下之乐而乐"告诉我们当志存高远。我们从小接受着中华传统美德的熏陶，是它们教会了我们做人，规范了我们的行为，丰富了我们的思想，共同形成了我们的精神脊梁。中华传统美德作为中华传统文化最重要的内涵之一，是每个华夏儿女都应该自觉继承和发扬光大的，抛弃它们等于抛弃自己的灵魂。

全球一体化日益加剧，当今世界各国之间交流变得更加频繁，随之而来的文化渗透不断加强，如日常生活中见到的嘻哈文化、韩流、朋克风、快餐文化等等。西方资产阶级自由化思想、个人主义、拜金主义等腐朽颓废思想乘虚而入。国民中有不少人不了解中华民族传统文化和传统美德，缺乏对西方不良思想的判断与认识，出现了道德信仰危机。我国传统文化受到前所未有的冲击。

大学生面对文化入侵问题，态度是坚决的，大部分思想上有保护中华传统文化的意识，但在日常生活中不断接受了外来文化，并体现于日常行为中。这一思想及行为西化的过程，也是中华传统美德逐渐失去主导地位的过程。大学生作为中华民族血脉的延续，作为祖国的未来，有责任与义务承担起弘扬中华传统美德的使命。如何在接受外来文化影响的同时保护本民族文化？毫无疑问，应对文化冲击，必须提升我国文化软实力，其核心在于弘扬中华传统美德，每个大学生都该自觉继承和自主发扬。

4. 新时代中国特色社会主义建设事业的内在需要

习近平总书记在参观《复兴之路》展览时就指出："现在，大家都在讨论中国梦，我以为，实现中华民族伟大复兴，就是中华民族近代以来最伟大的梦想。这个梦想，凝聚了几代中国人的夙愿，体现了中华民族和中国人民的整体利益，是每一个中华儿女的共同期盼。"在党的十九大报告中，习近平总书记做出了"中国特色社会主义进入新时代"的伟大政治判断，吹响了实现中华民族伟大复兴的战斗号角，激发了全国各族人民共同实现中国梦的热情。"实现伟大梦想，必须进行伟大斗争，必须建设伟大工程，推进伟大事业"。实现伟大梦想需要青年一代，特别是大学生积极投身社会主义建设事业。十九大报告中关于当代青年的内容更是引人注目，它包含了对当代青年的殷切希望和谆谆教诲，也体现了对他们的支持与保护。"青年兴则国家兴，青年强则国家强。青年一代有理想、有本领、有担当，国家就有前途，民族就有希望。"

作为中国特色社会主义的建设者，大学生赶上了大有可为的"新时代"，更有责任与义务推动中国特色社会主义建设事业向前发展，实现中华民族伟大复兴。

第八章　高校教育的现代化与传统文化

第一节　传统文化的现代化转型

文化是人类活动的一类特殊的社会现象。人类在创造文化的同时，文化也在塑造着人类。正如刘向在《说苑·指武》中所写的"凡武之兴，为不服也，文化不改，然后加诛"。可见文化是体现人与其自身、社会相关活动一切存在的总和，是塑造人们观念、影响人们行为的一种特殊的价值观。

一、中国传统文化的当代价值

在华夏五千多年的文明发展进程中，中华民族为世界文明的进步起到了撑天柱地的作用。"传统文化是文明演化而汇集成的一种反映民族特质和风貌的民族文化，是民族历史上各种思想文化、观念形态的总体表征，是中华民族在长期的发展过程中在精神上引领国民思想，指导国民行为方式的重要源泉。"

首先，中国优秀传统文化为中国文化建设与发展提供了丰富的资源。中国传统文化的基本精神是以人为本、天人合一的人文主义。华夏人民的所有行为准则都受到了人文主义的影响，其中"仁"的思想是其最高的体现；中国传统文化同时还是"人之初，性本善"的"善"文化，是"己所不欲，勿施于人"的和文化。正是由这种优秀的传统文化所孕育出来的奋斗精神和高尚情怀，为建设引领世界文化潮流的先进文化提供了丰富的精神和物质资源。文化强国战略能否顺利实施，中国传统文化的继承与发展是其关键所在，是传统文化现代化实现的必经之路。正如习近平总书记所强调的："对历史文化特别是先人传承下来的价值理念和道德观念，要坚持古为今用、推陈出新，有鉴别地加以对待，有扬弃地予以继承，利用中华民族创造的一切精神财富来以文化人、以文育人。"

其次，中国优秀传统文化是构成我国民族精神的源泉所在，为重塑民族精神提供了内在的灵魂基础。中国传统文化在文化的各个领域中都有其存在的表现。中国的传统文化是道德至上的道德文化，如政治中"修身治国齐家平天下"的以德行政之说；生活中"老吾老以及人之老，幼吾幼以及人之幼"的博爱情怀等，中国传统文化自始至终蕴含着自强不息的奋斗精神、和谐统一的博大胸襟。优秀的中国传统文化始终是我们民族文化自觉意识的源泉之水。在西方文化的不断冲击下，中国优秀的传统文化始终为重构中华民族精神提供着新的文化自觉与文化自信意识。

二、中国传统文化现代化的必然性

钱穆先生曾说过："政治只是文化中的项目，我们若不深切认识到某一国家某一民族全部的历史之文化意义，我们很难孤立抽出其'政治'——项目来讨论其意义与效用。"可见，政治建设与文化尤其是本民族的传统文化是分不开的。我们必须使中国传统文化在其自身上进行创新和现代化的转变。

（一）当代的社会主义文化建设需要传统文化为其提供源泉

中华民族的传统文化是一个具有极强生命力、凝聚力、兼容性和极具创造力的文化。同时它还是中国文化软实力的重要理论源泉。在亚洲经济迅速发展和中国在世界上的觉醒后，不仅是中国经济的发展备受世界的关注，中国文化软实力的状况也同样被世界所瞩目，使人们开始重新审视中国传统文化的巨大力量。中国传统文化是化解人类社会所要面临的矛盾与困难的基础保障。中国传统文化是一个追求真、善、美的一个人生境界，它所关注的也是人与自然的生命存在问题、人与人的个人德行问题、人与社会的人生价值问题。其中不管是人与自然、人与人还是人与社会，和谐是我们传统文化中一直所追求的最高境界。正如现在我们所面临的人与自然、人与社会、人与人、人与自身以及不同文明之间的冲突所造成的生态、社会、道德、精神及价值五大危机的解决办法我们几乎不能够在西方文化中寻找到，但我们却可以在中国传统文化中找到答案。如在《国语·周语下》中在生态方面曾强调过开发自然要根据自然地山川形式，顺其自然才能过有所成；《孟子》"得道者多助，失道者寡助"；管仲也曾说过"道德当身，不以物惑"；荀子曾说过"不积跬步，无以至千里；不积小流，无以成江海、孔子也曾说过"逝者如斯，不分昼夜"，这些名句直至今天仍对我们解决一系列问题，给予了帮助。

（二）中国传统文化代表着中华民族的根基所在，是大国形象发展所需要的重要成分，是中华儿女民族精神的精华所在

中国特色社会主义的发展离不开文化的积淀，更离不开传统文化精华部分的灌溉。比如说，我国以人为本的和谐社会就是继承了传统文化中"和"的文化。《庄子》中曾说"天地与我并存，而万物与我为一"；弘扬"和"文化就是提高人们的道德情操，促进人格完善，端正解决问题的态度，促进正确解决问题的方法，从而形成以和为美、以和为善、以和为贵、以和为荣的共识和社会风尚。因此，我们决不能忽略传统文化的力量，同时不论是文化软实力的发挥还是文化创新的需求都离不开我们优秀的传统文化作为基础，为中国特色社会主义文化建设提供源源不断的文化精髓。

（三）当今的时代精神推动着传统文化的创新

改革开放以来我国的经济得到了迅速的发展，国际地位也得到了不断提升，国防力量得到了显著的提高。但是就目前我国的文化软实力水平与硬实力水平发展还不是很协调，因此我国还称不上是一个强国。真正的强国应该不仅仅是经济强国、政治强国、军事强国，还应该是一个文化强国。尤其是随着时代的改变，我们所处的时代精神也在不断变化，并对我们提出更高的要求。当今的社会要求不论是在政治上、经济上还是文化上，都要求我们应该以改革创新为核心，与时俱进、开拓进取、求真务实、奋勇争先。一定社会的经济、政治决定着这个社会的一定文化，同样一定文化也可反映或反作用于一定社会的经济和政治。

传统文化不仅是中国特色社会主义文化建设的理论来源之一，同时也是中国时代精神的思想基础。目前中国的道德建设、生态文明建设以及经济建设等问题都不可能缺少传统文化教育的再挖掘和再思考。中国特色社会主义文化，在道德建设上所强调的是对马克思主义的发展，也是对于民族文化道德观的再次升华。如"以德治国"的儒家思想至今还被我们领导者所继承与提倡。在其"以德治国"的思想上创新提出了以人为本的全面发展与解放。而在解决生态环境问题上，传统文化中"天人合一"倡导人与自然和谐相处的思想也对我们的社会主义生态文明建设有着重要影响。因此，我们可以看出对于传统文化的创新发展仍然具有时代的必要性。

三、传统文化现代化的原则

（一）符合中国特色社会主义文化的前进方向

任何文化都是一定社会政治与经济的反映，并服从于这个社会的政治与经济建设。中国特色社会主义文化建设的发展方向主要有两个关键：一方面是坚持马克思列宁主义的理论指导。中国特色社会主义文化是社会主义经济下的文化，因此其本身一定会遵从于社会主义，牢牢坚持马克思主义在文化建设中的指导地位不可动摇，并坚持其在各个时期下所形成的中国特色社会主义理论的指导，并不断用传统文化中优秀资源建设中国特色社会主义文化建设，完善和创新理论的发展，并毫不动摇地坚持此关键。另一方面是由于不同国家都有属于其代表着自身民族特色的文化，这种文化正是该国社会核心价值观的体现，因此对社会主义核心价值体系的建设也是中国特色社会主义文化建设方向的关键。不管是哪个国家不管是哪种文化，纵观其国家核心价值凝结的过程，都是本国的传统文化在引领着文化的变革。文化的继承、发展、创新等一系列的问题，都始终围绕着核心价值体系的建设才能够把握好社会文化的发展方向。价值体系在文化中具有决定作用，文化具有什么样的特征都是由不同的价值体系所决定的，不同的文化特征赋予价值体系不同的文化属性。所以我们的社会主义文化价值体系才具有了独特的文化属性。

（二）适应时代背景的发展

当今世界的发展趋势将会在经济全球化的带领下，进入文化全球化的时代。中国传统文化能够在人类文明之中保持蓬勃发展的生命力，具有极强的包容性和融合性是一个重要的原因。在不断汲取其他民族优秀文化资源中坚持本民族文化精神内核不变，在改造外族文化的基础上又诞生孕育出了新的进步文化，并能够为本民族运用。可见中国传统文化是以其海纳百川的气魄屹立于人类文明之巅。因此，我们应该在全球化时代，让中国特色社会主义文化汲取传统文化中包容思想，坚持兼容、创新的原则，以"洋为中用"的态度，让文化形成"百家争鸣，百花齐放"的生动局面。

第二节 全球化对传统文化的影响

一、全球化对我国传统文化发展的影响

面对文化产业全球化的趋势，就我国文化产业发展而言，"孤立"于世界文化市场之外显然不是明智的战略选择。因此，采用融入的策略与发达国家展开积极的互动活动，这是推动我国文化产业快速发展、积极建构文化安全体系的必然选择。2001 年，我国加入WTO 则正是这种积极互动的制度化体现。当然，这种互动对我国文化产业发展的影响也具有双重性。

（一）全球化趋势对我国文化产业的发展有着积极性的推动作用

面对国际性的文化产业的快速推进的压力，我国文化产业发展经历了艰难的"转身"。即由原来意识形态与文化事业合二为一，到文化产业的萌芽、艰难发展，再到文化产业发展获得全社会认同并且快速增长的历程。这个变化表现在文化产业的理论和观念层面，也表现在文化产业的现实发展过程中。就理论层面而言，由于文化产业具有经济价值和社会价值的统一，或者说是商业属性与意识形态属性的统一，所以传统观点片面强调文化产业意识形态属性的出发点就不难理解了。但随着文化产业的全球化，我们对文化产业意识形态属性又有了深入的认识，即文化产业在全球化时代不但是意识形态传播的基础，而且还能够强化意识形态的时效性。当然，文化产业的经济价值或商业属性同样值得关注。随着发达国家对文化产业的大力推动，世界经济已经跨越了一、二、三、四产业，即已经由资源、资本、知识作为重要的禀赋，转型为"创意"成为最重要禀赋的发展阶段。而文化产业在美、英等发达国家 GDP 中的比重逐步增加预示了世界经济的发展趋势。2004 年，我国国家统计局发布的《文化及相关产业分类》的界定，则成为我国在文化产业理论层面取得认

同的标志。就实践层面而言，我国文化产业发展经历了三个发展阶段：第一阶段，1978—1988 年，文化产业得到社会初步认可并取得了缓慢发展；第二阶段，1989—1998 年，随着民营经济的逐步渗入，文化产业的发展受到了社会各个方面的关注，各级政府开始积极地推动文化产业的相关发展，但其作为经济发展的配角地位仍是不争的事实，"文化搭台、经济唱戏"则是当时文化产业发展的生动反映；第三阶段，1999—2009 年，这是文化产业取得重大发展的时期，即党和政府不仅将发展文化产业提升到战略高度，同时文化市场的完善和市场主体培育方面也取得了快速推进。

为应对国际文化产业的巨大挑战，我国要加快文化体制改革的步伐，我国文化产业的发展一直在快速增长。

通过对国际、国内资金与技术的有效整合，我国文化产业整体实力进一步增强。一方面，我国文化消费市场广阔，这是我国文化产业发展的坚实基础；另一方面，发达国家为渡过经济危机，将全球文化产业制造中心向以中国为代表的发展中国家转移的趋向明显，我国文化产业将迎来参与国际分工的良好机遇。所以面对金融危机，我国文化产业呈现出强势崛起的迹象。联合国《2008 创意经济报告》指出，在全球文化市场中，中国的贸易产品是非常多的，中国现在是全球最大的文化产品生产国。

世界文化产业由技术决定向"内容为王"的转向使我国文化产业发展面临机遇。即文化产业发展中技术创新与内容创意的齐头并进，不但可以有效缩小我国与发达国家在文化产业方面的差距，而且能够实现我国文化产业的跨越式发展。

（二）全球化背景下我国文化产业面临着强势文化产业的冲击和挑战

经济全球化背景下我国文化产业面临着强势文化产业的冲击和挑战则是不容忽视的客观事实。这种冲击和挑战源于我国文化产业是以弱势形态进入全球化进程中的，即由于我国文化产业是在各个方面均存在不足的前提下参与全球化的，而由此导致我国文化产业遭受威胁，进而影响到我国文化安全的态势，则是我们必须面对的现实问题。

二、西方文化对我国传统文化发展的影响

（一）对价值观的影响

西方文化对我国文化和意识形态的影响，不仅体现在理论层面，也体现在政策层面，而且后者尤为明显。在西方文化看来，中国的文化对内民主、对外开放，随时都有可能发生变化。西方文化对我国的意识形态的冲击主要有下列几个方面：

1. 销蚀我国人民群众的阶级意识

西方文化右翼化其国内政策，不仅给西方国家的工人运动带来危害，不利于世界社会主义运动的发展，而且还会诱发一种否认工人阶级历史作用的思潮，否认工人阶级的先进性，甚至否认社会主义国家工人的领导地位，从根本上动摇社会主义国家的领导力量。西

方文化反对社会主义的思想观点，对社会主义意识形态带来直接冲击，不利于社会主义思想的宣传教育，不利于社会主义意识形态的巩固与加强。西方文化的政策及实践对社会主义国家造成了现实压力，在这种压力之下，社会主义国家中的一些人被社会主义理想信念动摇了，对于社会主义的优越性产生了严重的怀疑，甚至主张照搬西方政治制度。社会主义国家逐步产生了一股资产阶级自由化思潮，这股思潮的实质就是否认共产党的领导、否认社会主义制度，对我国的意识形态产生了极为有害的影响。

2. 宣扬思想民主和思想多元化

西方文化声称，社会主义运动不要求有统一的世界观，不依赖于任何单一的意识形态，西方文化主张的多元化思想包括马克思主义分析社会的方法、人道主义、人权思想、宗教原则、古典哲学等。

3. 损害我国公民的政治观念

国家是阶级统治的工具，无论是资本主义国家还是社会主义国家。社会主义国家在政治上是人民当家主的国家，是工人阶级通过共产党领导的国家，是实行新型民主和新型专政的国家。西方文化否认社会主义国家的政治性，就是否认人民民主、否认共产党的领导，这种超阶级国家观的传播，会不断腐蚀社会主义国家人们的政治观念，甚至会导致否认社会主义制度和共产党领导的思潮泛滥，它和西方文化的作用是相似的。在西方文化影响下，资本主义的金钱至上、弱肉强食、巧取豪夺、损人利己等思想意识开始流行。在国际问题上，一些人淡化意识形态，出现了非政治化、非意识形态化的倾向，只讲和平共处，不讲和平演变，以为两种思想体系、两种社会制度的斗争不存在了，似乎是"人人是朋友、处处讲友好"。

4. 诋毁我国国民的民族精神，否定我国优秀传统文化

民族精神是一个民族赖以生存和发展的重要精神支撑。如果一个民族不能够拥有精神和品格，它就不可能屹立于世界的民族之林中。西方文化倡导的价值理念和政治观念会从根本上冲击我国民族精神的宣传和培育。在西方文化思潮的腐蚀下，一些人的民族自尊心逐渐丧失。西方文化宣扬美国的文明最优秀，宣扬西方中心主义，在这种思潮影响下，有些人对我国历史和传统文化采取了民族虚无主义态度，他们认为中国文化的本质是封闭、保守、奴化、中庸，应该彻底加以抛弃。从这样的认识出发，他们引出对社会种种偏颇的批判，特别是对中国传统美德的批判。在五千多年的发展历史中，中华民族逐渐形成了以爱国主义为核心的团结统一、爱好和平、勤劳勇敢、自强不息的伟大民族精神。在改革开放时期，中华民族又形成了勇于改革、勇于创新的时代精神。民族精神和时代精神是中华民族的强大精神动力，它鼓舞人民在未来继续努力。

5. 主张实行社会民主

西方文化主张的社会民主主要是实行社会福利政策，实行资本家与工人的利益"分享"，认为政府应在社会福利方面付出必要的开支。冷战后，尽管社会民主党的价值观有所改变，

但多数社会民主党人仍坚持社会公正、分配公正等传统观念，认为这有助于社会民主党划清与新自由主义纲领的界限；声称"公平和社会公正、自由和机会平等、团结和互助，是永恒的价值观"。

6. 宣称超阶级国家观

西方文化认为，社会主义制度与资本主义制度不存在根本差别，社会主义仅仅是资本主义民主制度的进一步扩大、发展和完善。他们还认为，国家是超阶级的、正义的力量，国家的职能不是镇压，而在于保护公民的社会权利，在于使每个人自由地发展他的个性，社会民主党的任务是促使国家朝着更加自由公正和互助的方向发展，社会党的目的是使国家"人性化"，而不是使人"国家化"。德国社会民主党认为，国家不是一定要成为经济上占领统治地位的阶级或者是有实力的利益集团的工具，国家也能够成为更加民主社会的那种势力的重要工具。

（二）对社会生活的影响

1. 主张私有化，反对公有制

西方近年来对社会生活最具影响力的就是新自由主义。其主张私有化，反对公有制。新自由主义主张让经济自由化，非常支持私有制，因为私有制非常稳定，而且它是经济发展的基础，它能够促进经济的发展，稳定就业。私有制对于整个社会也有益处，新自由主义非常推崇它。但是同时，新自由主义很反对公有制，认为公有制不能提高生产率，会危害整个社会。

2. 提倡价格市场化，否定国家宏观调控

提倡市场主导作用，否定国家对经济的干预。新自由主义主张有效配置稀缺资源，主张发挥市场主导作用，主张开展自由的竞争。离开市场就谈不上经济。新自由主义还认为，市场竞争必须适应社会技术的进步，国家的过度干预会导致通货膨胀和生产率的下降，还会引起失业现象。通过对社会利益的分配，控制全部社会成员。新自由主义反对所有对市场的控制和干预，它一定会走向政治的保守主义，它能够保护国际资本利益。

3. 崇尚个人主义，反对集体主义

新自由主义把人的选择作为社会的基本价值取向，如果一个人能够实现自身价值，那么整个社会就都能实现，从而获得巨大利益。个人的利益是社会制度的基础，它强调要实现个人价值，要尊重个人选择。要想让经济快速发展，国家就不要对个人事务进行过多干预。在个人与社会的关系上，新自由主义是由单独的个人组成的，每个人都有自由选择的权利。个人的属性是社会决定的，个人的选择权利决定社会情况。

4. 夸大贸易的自由化，反对政府的管理

新自由主义夸大贸易的自由化，不赞成国家对市场的监督管理。主张产品自主流动，要求发展中国家实行它的经营模式，从而使资本金融市场开放。

5. 减弱国家的功能，反对民族国家观念

新自由主义认为国家是罪恶的，它主张减弱国家功能，它要求发展中国家减少对经济的干预，把主权让给国际货币基金组织等国际金融机构。

三、中国优秀传统文化面临的国内机遇与国际机遇

（一）中国优秀传统文化面临的国内机遇

中国优秀传统文化面临的国内机遇如下：文化自觉是优秀传统文化发展的巨大动力；经济发展是优秀传统文化的根本条件；政治的发展是优秀传统文化最好的环境支撑。

在中华民族优秀的传统文化中，诸子百家、儒道法墨等思想观念成为一个整体。优秀的传统文化不管是在思想上还是在艺术上、伦理上，都有着很大的成就。在中华民族的发展过程中，优秀的传统文化始终都在传承、发扬着，一直为人们提供着精神上的支撑和心灵上的慰藉。近代以来，虽然中华民族有着非常大的变化，但是中华优秀的传统文化越来越被人们重视，不会消失，它是先进文化的重要思想资源，支撑着中华民族的精神世界，鼓舞人民奋勇向前。中华民族和文化主体具有历史统一性和生命生态性。

在优秀的传统文化之中，一定要坚持和发展中国特色的社会主义理论体系，主要内容如下：

1. 前提条件是树立正确的传统文化观念

传统文化的内容是十分丰富的，包括它和民族文化、世界文化之间的相互关系，它与马克思主义中国化的相互关系，它和当今文化发展的关系。所以，正确且科学的传统文化观念是马克思主义中国化伟大事业的前提条件，它也能发挥出传统文化自身的现实性。

2. 实践是传统文化的基本立足点

优秀的传统文化要实现其价值，就要在坚持和发展中国特色社会主义理论体系的过程中始终坚持实践，要实现现代化的发展，就要适应当今社会实践的现实性。

3. 经济和政治基础是优秀传统文化发展的重要保障

4. 文化的创新是传统文化的核心

文化的创新是十分重要的，优秀的传统文化要想适应当今社会的发展，就要创新。要发挥传统文化的特长，重新定义传统文化，建立好社会主义核心价值体系，用所有的方法实现传统文化的创新转型。

5. 执政党建设是关键

中国共产党要担负传承优秀传统文化的责任，利用其加强党的建设，这是非常重要的，它关系着国家和民族的命运还有未来前途。要想办好中国的事情，关键在党。能否充分利用优秀传统文化来发展中国特色社会主义理论，关键也在党。

6. 根本是提高人民的文化素质和修养

人是最重要的因素，而文化素质是人最根本的素质，文化素质是国家素质。要想提高人民的文化素质，就要鼓励全民阅读。解决好文化创新问题，就要通过全民阅读提高国民的文化素质。

（二）中国优秀传统文化面临的国际机遇

中国优秀传统文化面临的国际机遇如下：

1. 人们对于西方文化的思考和对中国传统文化智慧上的热切盼望。

2. 经济的全球化给中国文化走向世界提供了机遇。

3. 文化全球化加快了人类为世界文化的发展提供支持，中华民族文化得到传承和创新。

这些机遇帮助我们树立世界性的文化发展理念，有利于我们增强民族自尊心和自信心，我们能更强烈地认清我们自己的文化，在与各国文化的交流中互相切磋。

中华传统美德是中华文化中最重要的内容，它有着丰富的思想资源。中华文化是中华民族唯一的精神指南，壮大了中国的历史。不忘本才能够发展未来，积极继承才能够更好地创新。要努力用一切中华民族的精神财富来育人。要善于继承，传承好先人的道德规范，要既扬弃又继承。对于中华优秀传统文化的历史和发展要十分清楚。中华文化有着创造性和时代特色，它能够增强人们的文化自信。要吸收中华优秀传统文化的精华，挖掘中华优秀传统文化中仁爱、诚信、和合的价值理念，大力发展以爱国主义为核心的民族精神和以改革创新为核心的时代精神，让中华优秀传统文化成为社会主义核心价值观的主要来源。正确处理继承和发展之间的关系，做好创造性的转化，做好创新性的发展。

四、中国优秀传统文化面临的国内挑战与国际挑战

（一）中国优秀传统文化面临的国内挑战

中国优秀传统文化面临的国内挑战如下：传统文化缺乏足够的创新能力和水平；传统文化教育的缺失；社会的变化和经济的变化对于传统文化的阻碍。

一种文化的活力不是抛弃传统，而是能在何种程度上吸收传统、再铸传统。如果割断了传统文化，不能肯定传统文化的积极因素，就会造成民族文化观念虚无主义，还会导致对外来文化的盲目崇拜，更会产生不切实际的让文化重建的念头。所有的文化都是在一定的地理环境和生产方式等因素的相互作用下产生的，是孕育出来的文化，在一定的环境中有着特定的价值观念，在历史的延续中这些都深深存在于社会成员的思想意识之中，这样的文化就有了民族性和传统性的典型特点。传统文化是不以人的意志为转移的，是历史给予的、历史限定的。在历史之中，文化是文明变化集合的一种过程，文化的自觉与自信必须通过文化的延续性才能实现。文化的内容，是由人类过去的遗业所构成的。所谓遗业，在性质上是累积的，而累积是一种客观的、历史的现象。由于这种累积，中华民族不仅有

着灿烂的传统文化，还有着辉煌的文明。在历史之中，传统文化的作用是极其重要的，我们要对其进行积累。如果一个社会出现了文化的"无根"现象，那么必然是文化自信不足、文化凝聚力的消失和对自身文化不切实际的拒绝。如果不看这种观点所存在的偏激成分，文化的自觉自信和传统文化是分不开的，和传统文化的积极因素也是分不开的。因为优秀传统文化凝聚了中华民族自强不息的精神追求，凝聚了历久弥新的精神财富，它是发展社会主义先进文化的基础，也是建设中华民族共同精神家园的支撑。

（二）中国优秀传统文化面临的国际挑战

中国优秀传统文化面临的国际挑战如下：文化全球化进程中的不健康文化观念；文化全球化阻碍民族国家的文化认同；西方文化霸权主义威胁世界文化的多样性。

我们不能够对传统文化过度的肯定。传统文化"在很多方面都影响了我们社会的发展和进步，如果不好好估计，就会出现'新瓶装旧酒'的尴尬局面"。传统文化中是有不足的，我们要重视，特别是在科学与民主精神的缺乏方面，这使传统文化不能再次发挥出以前的荣光。我们应该有理性的态度，把历史作为借鉴，看清楚传统文化的最真实面目，尊重传统文化的积极作用，把它作为基础，进而对传统文化进行正面的、科学的评价，在评价过程中寻找民族发展的正确道路，从而去超越传统文化。不能对它进行隐藏，更不能对它进行诬陷。实际上，传统文化一直都作为一种从历史中形成的价值观念深刻影响着我们的实际生活。它通过继承和遗传文明的积淀而发展，是中华民族共同具有的，经过了时代的不断变迁还一直有着稳定性和持久性，对于中华民族的行为方式产生深深的影响，它的价值观念影响着我们的行为系统。有学者认为："被称为传统文化的东西，一定是在社会有机体组织及人的心理生理结构中具有生命力和影响力的东西，这些已经沉淀为人们的普遍心理生理素质。它时刻在规范和控制着人们未来的思想和行为，如果没有这一特征，就不能在传统文化的范畴里。"这种观点虽然并不是完全的准确，但是传统文化对于当今社会的影响力却是毋庸置疑的。

第三节　高校传统文化的传承与创新

一、传承中国优秀传统文化是拓展传统文化视野的必要前提

文化的传承就是文化在社会成员中纵向交接的一个过程。文化背景制约着这个过程，所以文化传承有着模式化的要求，形成一种文化传承机制，让人类的文化具有稳定性、延续性和完整性等特点。其核心问题是民族性，这是区别于其他文化的特有属性。我国独具特色文化的核心就是人民国家的属性，也是区别于其他一切国家特有的根本属性，其传承

就是把我国先进的思想理论、国家政治任务和根本职能的精神追求、价值取向、优秀的习惯与传统、共同理想信仰、思维方式、审美观等精神"DNA"一代又一代遗传下来，最终形成我国独具特色文化的传承机制。

文化传承，体现在以下方面：

第一，中国传统文化的再生产。一个民族的文化传统是历史长河长期积淀的结果，是一个民族精神的来源，也是这个民族精神的力量源泉。中华传统文化历史悠久，它凝聚着"天下兴亡，匹夫有责"的重要社会责任和"天将降大任于斯人也"的重要历史使命，它召唤华夏儿女要心怀天下，志存高远，勇于承担重任，建功立业。我国的创始人毛泽东同志也曾指出："一定的文化是一定社会的政治和经济的反映，又给予伟大影响和作用于一定社会的政治和经济，文化深入价值观，深入思维方式，深入个性和品格，是人们的灵魂所在。文化的力量一直都是存在于民族的生命力、凝聚力和创造力之中的，先进并且健康的文化是政治、经济、科技等全面发展的有效推动力，而落后、庸俗、腐朽的文化，则会阻碍甚至破坏政治、经济乃至整个社会的发展。因此，我国从新中国成立之日起，就自觉地用马克思主义先进文化的因素武装自己，批判并继承了中华民族丰富而且优秀的文化遗产，把中国的文化遗产区分为具有民主性、革命性和人民性的"精华"部分和具有封建性、腐朽性的"粕"部分，主张"剔其糟粕、取其精华"，批判地加以继承，反对食而不化和一概排斥，吸取其中的精华，加以改造，赋予新的思想内容。这种批判地加以继承中国传统文化的传承就是现代文化学所认可的文化再生产。

第二，我党先进文化的发展方向。我国作为中国共产党独立领导下的国家，在战争年代我国努力提高群众自身素质，自觉学习党的创新理论，极大地启发了当代中国共产党人的思想智慧。建设社会主义时期，我国加强了物质文明和精神文明建设，自觉抵制腐朽思想文化的侵蚀，深入持久地进行科学世界观和革命人生观、价值观的改造，始终保持思想道德上的纯洁。

第三，一脉相承的"文化基因复制"。文化是民族的重要要素，也是民族的重要特征，民族文化的传承是民族发展的重要机制，相同的民族文化是民族共同体的标志，也是民族共同体发展与存在的精神寄托。党的十七大报告指出，"当今时代，文化越来越成为民族凝聚力和创造力的重要源泉、越来越成为综合国力竞争的重要因素"。中华民族悠久的历史，灿烂辉煌的文化，要想让民族共同体的再生产延续，就必须自觉传承民族文化，就必须实现民族共同体中精神文化的生产和再生产。只有这样，中华民族的文化才能深深刻印在每一个成员的脑海里，中华民族的文化精神才能形成稳定的民族凝聚力和认同感，中华文化的繁荣兴盛和中华民族的伟大复兴才能实现。我国自诞生之日起就把为民族而战斗作为自己神圣的历史使命，其成长和壮大也正是沿着中华民族为推翻黑暗、摆脱贫困、跻身于世界民族之林的道路而前进的，我国独具特色的文化也正是在广泛吸收中华民族优秀文化的养分基础上建立起来的，传承这种独具特色的文化就是中华民族优秀传统文化一脉相承的"文化基因复制"。

但是，我们一定要把国家面临的历史挑战看清楚，也要把传统文化的和谐思想看清楚，这对群众继承和发扬传统文化和谐思想造成的影响有：

第一，市场经济对于传统文化中和谐思想的冲击。从计划经济到市场经济，这个变化是非常巨大的。在这个过程中，群众的思想观念变的越来越复杂，一些传统文化失去了精神上的依靠，群众对这些传统文化非常迷惘。十六届六中全会中提出要弘扬中华民族传统文化，建设社会主义核心价值体系，这具有深远的历史意义，我们要认清市场经济对传统文化和谐思想的冲击与影响，弘扬传统文化中的和谐思想。第二，全球化对传统文化和谐思想的冲击。当今，因信息化革命的到来，全球化是一种不可阻挡的趋势，它让世界变成了一个"村落"、一台"电脑"。全球化带来了世界经济的繁荣发展和通信网络的快速便捷，然而"在我们的时代，每一个山谷都在呼唤它自身的独立，甚至不惜为此而战斗，很多国家，或在至少它们的一些部分，都在与现代文明或其主要维护者作斗争，要求取得崇拜它们古老神祇和遵循古老神圣禁令的权利"。在全球化繁荣发展的环境下传统文化在痛苦的反叛，因此，有着几千年历史的中国传统文化的和谐思想在中国也受到了不同程度的影响，导致传统文化和谐思想的继承和更好地发扬受阻。

第三，传统文化中的和谐思想与现代化发展之间的冲突。冯友兰在《中国哲学简史》中指出，中国的思想家们从来没有过海上冒险的经历，地理和经济制约着中国的思想文化，中国形成了封闭保守的传统思想文化观念。传统文化与现代化有着很大的不同：传统文化中的和谐思想是很保守的，而现代化却很开放；传统文化中的和谐思想是很狭隘的，而现代化却是公共的；传统文化中的和谐思想是很落后的，而现代化却很先进。在中国社会现代化的建设中，这些冲突始终存在着。如果想要构建和谐社会，创建先进文化，就必须发挥传统文化中和谐思想的积极作用，摆脱困难，使其成为积极的正面力量。社会主义国家建设也是一样，在继承和发扬过程中也必须关注传统文化和谐思想面临的挑战，将和谐思想与中国市场经济发展、全球一体化趋势、现代化文明展现有机结合，切实做好创造性地继承和发扬，促进社会主义国家建设的科学发展。

二、传承中国优秀传统文化是体现文化连续性与非连续性的必要途径

文化发展的连续性是指一个国家的民族文化得到传承和发展，文化发展的非连续性是指能够让这一文化的传统得以提升。如果只承认文化发展的连续性，我们就会忽视现代化中必不可少的文化与传统文化之间存在的重大的差异性；相反，如果只承认文化发展的非连续性，我们又会陷进文化虚无主义的沼泽。所以，在当今这个急速变革的时代当中，要传承传统文化，就必须正确地认识文化发展的连续性和非连续性，因为传承中国优秀传统文化是体现文化连续性与非连续性的必要途径。

三、传承中国优秀传统文化是社会实践的必要条件

中国传统文化的传承并不是一个口号，它是依赖于社会实践的。一种文化能否得到传承和如何去传承，要看它是否能够在社会实践中真正发生影响，怎么样发生影响来确定。只要是不能够参与到社会实践之中，而且与现实的生活相脱节的文化都是很难传承下去的，在文化全球化时代中更是如此。所以，我们要传承传统文化就一定要依赖于文化全球化的时代要求和我国现代化的实践活动。马克思主义认识论认为，实践是检验真理的唯一标准，真理和实践是相辅相成的。中国传统文化的继承和发展不仅只要有理论成果，更要有实践经验。要用理论指导实践，使社会快速发展。在实践的过程中，理论也要不断地提升。继承发展和构建社会主义和谐社会的相互结合是中国传统文化中最有意义的实践活动，因为它不能只停留在理论表面，而且要把中国传统文化和实践经验结合起来。

四、弘扬中国优秀传统文化的路径

（一）大力发展公益性文化事业，保障人民的基本文化权益

社会主义文化产业是产业化的必然结果，在对社会主义文化产业双重属性及其双重价值规律分析的基础上，我们可以对作为结果的社会主义文化产业进行静态描述：在内涵上，社会主义文化产业指的是那些坚持社会主义基本原则、坚持市场经济基本取向并通过社会化大生产方式生产文化产品或提供文化服务，以满足人们精神需求，从而获取最大社会效益和经济效益的各类行业门类的总称。在外延上，社会主义文化产业不仅仅涵盖了科技、教育、旅游、娱乐、影视、出版、体育等主要产业部门，还涵盖了营销、印刷、中介、管理、咨询等服务的配套行业。从实体的结构上来看，文化产业包括文化产业的本体、交叉还有延伸行业网。在组织结构上，文化产业包括以政府部门、行业协会、管理咨询的机构为主的行政管理相关系统。文化生产的系统包括记者、作家、艺术家、编辑、计算机技术人员、节目制作机构、印刷机构、拷贝机构。商品的推销系统包括发行机构、推销处、专业商店、文化经纪人、广告公司、代理机构。在这个阶段，产业的机制和经济的因素很快地融进文化进程中，产生文化的经济实体。同时，经济发展的配角不再是文化的发展，而是生产出文化产品，参与国民经济，从而使其成为国民经济结构中不可缺少的一部分。

（二）加快发展文化产业，推动文化产业成为国民经济支柱性产业

文化生产的特点和内容使文化产业化的形态有如下几种基本类型：

科教产业。其中包括科技产业和教育产业，它是以生产技术产品或者提供知识服务的创造性财富的一种特殊产业。科技产业是以物质文化形态的高科技产业园区作为主要的表现形式，并且包括技术贸易还有服务贸易在内的非常广泛的内容。

休闲娱乐产业。休闲娱乐产业包括旅游业、影视业、音像制品业、艺术表演等行业，

满足人们的休闲娱乐等精神需求为主。在英国，文化艺术是一个年收入将近200亿美元的非常大的产业，相当于英国的汽车工业媒体产业。媒体产业是指载体主要为新闻出版、广播影视等机构，信息传播的独特优势是其依托，向产业领域逐渐形成的一种综合性的产业。在欧美国家，巨型的文化托拉斯一直出现，报纸、广播、电台之间和企业之间相互的持股而形成了传播媒体集团，这些传播媒体集团的基本武器主要是广告业，带着巨大的资金迈进广泛的产业领域。

体育产业。体育产业是新出现的文化产业，它的形态是运动，它的历史虽然不长，但是它发展的速度是非常惊人的，超越了其他所有产业。它为社会提供了财富，它包括体育器材、企业赞助等。

（三）进一步深化改革开放，加快构建有利于文化繁荣发展的体制机制

文化繁荣发展的最重要标志就是生产并且创造出越来越多有利于历史、时代和人民的优秀作品。一定要抓好为人民服务的方向，坚持百花齐放、百家争鸣，发展和谐文化，提高文化产品质量，发扬文化引领时尚精神，推动社会的发展，教育人民。要大力弘扬全国各族人民在中国共产党的领导下走中国特色社会主义道路、全面建设小康社会和实现中华民族伟大复兴宏伟事业这一鲜明时代的主要旋律，重点强调改革开放和社会主义现代化建设所取得的伟大成就，唱响共产党好、社会主义好、改革开放好、伟大祖国好、各族人民好的好声音，鼓舞激励全党和全国各族人民，为了夺取全面建设小康社会的新胜利、开创出中国特色社会主义事业新的局面而努力奋斗。

五、中国优秀传统文化的创新要吸取西方文化精华

（一）中国优秀传统文化的生命意蕴及其当代价值

文化创新一定要能够充分反映时代需要，要能够展示出优秀传统文化中的传承和弘扬，要与时俱进。因此，要注重中国优秀传统文化中精神资源的总体性，发掘出传统文化中蕴含的宝贵财富，通过传统文化向现代化的转化，完成先进文化的建设。

在中国五千多年悠久的历史进程中，中华文化有着丰富的文化遗产，在民族传统文化的问题上，我们要取其精华、去其糟粕，让中国传统文化始终处于中国特色社会主义文化中，加快其发展，把传统文化发扬光大，创新中国传统文化。

中国优秀传统文化包括五种文化精神：

1. 在整体方面的观念

传统文化强调天人合一，强调人与自然和谐相处，强调天、地、人的统一。在遇到个人与集体关系的问题时，观念是整体的利益要高于个人利益、大局的利益要高于局部的利益，它形成了一种独特的品格，那就是要以民族的整体大局为重。它也是中华民族如此团结，如此具有凝聚力的原因。

2. 把育人作为根本的思想观念

中国文化的特色和基本精神就是人文主义。这个观念在富含伦理的中国传统文化中，它的主要表现就是要重视伦理道德。这种文化观念，通过品格高尚的仁人志士的努力，迅速推进了文明的发展。

3. 贵和尚中的观念

重视和谐，重视道德，这就是贵和尚中观念，它具有典型的东方文明特点和精华，它构成了中华民族的传统文化中基本的精神意蕴。要让中华民族具有凝聚力和向心力，要维护好社会的稳定和和谐发展，就要重视和谐价值的重要作用。

4. 爱国主义的观念

中华民族文化历来就有崇高的爱国主义精神。如果我们每一个人都能够拥有爱国主义精神，都能够自觉维护国家的根本利益，都能够把报效国家、奉献社会作为己任，都能够把自己的前途和国家的命运紧密联系起来，充分发挥出自己的民族自尊心和自信心，那么整个社会就会变得更加美好。

5. 刚健有为的观念

在中华的传统文化中，人们主张刚健有为，主张自强不息。"以不息为体，以日新为道"，这体现了中华民族朝气蓬勃的顽强生命力还有开拓进取的良好精神风貌。

中共中央推进文化大发展大繁荣决定中强调要发动人民群众文化创造的积极性。发展社会主义文化的大发展和大繁荣，人民是其关键因素，是最主要的力量。要把握好马克思主义理论中注重群众这一观点，主动贯彻党的群众路线方针，让广大人民群众都能登上文化的大舞台，让人民成为建设社会主义的关键。积极并且大范围地展开群众的各种文化活动，建设好社区文化、建设好企业文化、建设好校园文化、建设好村镇文化，让群众在文化建设中表现、教育和服务。搭建公益性文化活动的平台，依靠民族的优秀文化资源，依靠民间文化，组织群众，让广大群众能够充分地参与到其中，让群众愿意并且主动地参与进去，多兴办文化团体。文化创造需要充分地发挥，社会需要有一个鼓励文化创造的良好氛围，鼓励优秀文化的发展，总结经验，创新生动的文化内容，听取群众的意见，把握好文化创新的方向。

（二）中国优秀传统文化的创新是时代发展的需要

文化创新中所指的文化，主要是指民族的文化，它是相对于政治和经济而言的。这里所指的创新，是指立足于改革开放中新的时代、新的实践要求，结合了人民群众在精神文化生活上的现实所需，在超越了传统文化的基础之上，推崇创新，继往开来，铸造出的一种新型的文化形态，也就是创造出中国特色社会主义的新型文化。

发扬传统文化与开拓创新精神是相辅相成的，是统一的整体，是不可分割的，继承是创新的最重要基础，创新是继承的必然性发展。所有先进的文化都是与传统文化一脉相承的。要弘扬优秀的传统文化，就要牢牢地把握好中国先进文化的方向，在继承的基础上积极地进行文化的创新，驾驭好传统文化，努力创造出具有中国特色的、能够代表中国前进方向的社会主义先进文化。

六、发展本土文化应把握的原则

何谓本土文化？本土文化带有鲜明的地域性、唯一性、排他性和民族性是历史的积淀使然。要发挥本土文化优势，推动社会主义文化的大发展和大繁荣，着力做好"五个相结合"。

（一）建设社会主义核心价值体系与本土文化相结合

建设社会主义核心价值体系要着力在理论通俗化、大众化、普及化上下功夫，积极推动理论进机关、进村寨、进校园、进企业、进部队、进新经济组织和新社会组织，带领全社会进一步树立和落实科学发展观，带领全社会进一步运用党的创新理论。如少数民族地区就要用广大干部群众听得懂的本土语言，看得懂的本土图画、符号等进行理论"三化"的宣传，使广大干部群众"听得懂、学得会、用得上"。

（二）把文化产业发展与本土文化相结合

十七届六中全会中提出推动文化产业成为国民经济支柱性产业，《决定》的颁布被认为对文化的产业发展具有里程碑式的重要意义。发展文化产业必须要牢牢结合本地的实际情况，切不可贪多求快，要实事求是，循序渐进，充分利用本土的自然资源优势、民族歌舞优势、历史文化优势等优势资源，逐个突破。

（三）把文化精品创作与本土文化相结合

要实现为人民提供更好更多的精神食粮，这需要政府的高度重视，发挥集体创作的智慧，创作并生产出更多有利于历史、时代和人民的优秀作品。对于文化艺术精品创作，要充分发挥本土在舞蹈、音乐、影视、文学、戏剧、书法、美术、摄影以及民族民间文学等方面的创作优势，推出更多深受群众喜爱、思想性艺术性观赏性相统一、体现时代进步要求、广大群众喜闻乐见、具有本土特色的精品力作。

（四）把公益文化事业与本土文化相结合

积极地发展公益性文化事业，满足人民最基本的文化需要，这是社会主义文化建设的第一任务，也是让广大人民群众共同享受文化改革发展成果的最基本体现。要大力发展公益性文化事业，必须坚持政府主导，加强统筹，根据城市和乡村、内地和边疆、东部和西部等广大干部群众不同的需求来发展公益性文化事业，做到群众需要什么，我们就做什么。

（五）把旅游与本土文化相结合

旅游与文化是密不可分的，文化是旅游的灵魂，旅游业的快速发展使文化的作用越来越重要，文化已经成为整个旅游业的关键性支柱，文化决定了旅游业今后的发展方向。但是搞旅游也不能千篇一律，全国一个样，要结合本土文化资源，做出特色、新意，可以像九寨沟一样发挥自然风景优势，可以像西安一样发挥历史文化优势，可以像海南一样发挥南亚风情优势，也可以像红河州似的发挥丰富的歌舞优势以及本土文化与外来文化交融的优势等等。

参考文献

[1] 曹志斌.大学生传统文化教育与高校文化建设研究 [M].北京／西安：世界图书出版公司，2018：12.

[2] 常佩艳.文化视野下高校思想政治教育实践研究 [M].北京：九州出版社，2018：08.

[3] 陈娟.传统文化与高校德育教育工作融合研究 [M].北京／西安：世界图书出版公司，2018：03.

[4] 丛红艳，房玲玲.高校教学改革与文化的融合创新研究 [M].长春：吉林人民出版社；吉林出版集团股份有限公司，2019：09.

[5] 冯秀军.多元文化背景下的高校思想政治教育创新 [M].北京：中央民族大学出版社，2008：10.

[6] 高姗姗.高校思想政治教育与文化融合研究 [M].石家庄：河北人民出版社，2018：01.

[7] 韩延伦.高校文化素质教育课程设计研究 [M].北京：中国海洋大学出版社，2005：01.

[8] 侯宪春.地方文化在高校思想政治教育中的应用研究 [M].延吉：延边大学出版社，2019：05.

[9] 孔亮.高校德育教育引入传统文化的创新研究 [M].北京／西安：世界图书出版公司，2018：11.

[10] 年仁德，戴淑贞，杨麦姣.高校中华优秀传统文化教育的设计与规划 [M].北京：知识产权出版社，2019：11.

[11] 齐艳.中国传统文化与高校思想政治教育的融合性研究 [M].中国广播影视出版社，2019：01.

[12] 史良.传统文化与高校思想政治教育融合发展的价值研究 [M].石家庄：河北人民出版社，2019：08.

[13] 王炳坤.高校大学生管理教育与校园文化建设 [M].吉林出版集团股份有限公司，2021：10.

[14] 谢丹.传统文化视域下的高校思想政治教育 [M].北京：九州出版社，2018：08.

[15] 赵晶.高校思想政治教育中的文化自信培育研究 [M].吉林出版集团股份有限公司，
2019：09.

[16] 郑文献.高校思想政治教育与文化软实力研究 [M].北京/西安：世界图书出版公司，
2018：03.